법화경 한글 사경 ⑤
(제22 촉루품~제28 보현보살권발품)

김현준 옮김

법화경을 사경하면 제불께서 지켜주어
한량없는 공덕과 복 안정된 삶 얻게 되고
원하는 바 뜻과 같이 만족스레 성취하며
마침내는 신통력과 무생법인 증득하리

새벽숲

차 례 / 법·화·경·한·글·사·경

제1책
법화경 사경법	4
제1 서품	9
제2 방편품	36
제3 비유품	69

제2책
제4 신해품	7
제5 약초유품	31
제6 수기품	44
제7 화성유품	57

제3책
제8 오백제자수기품	7
제9 수학무학인기품	24
제10 법사품	33
제11 견보탑품	48
제12 제바달다품	66
제13 지품	79
제14 안락행품	88

제4책
제15 종지용출품	7
제16 여래수량품	27
제17 분별공덕품	43
제18 수희공덕품	61
제19 법사공덕품	70
제20 상불경보살품	89
제21 여래신력품	99

제5책
제22 촉루품	7
제23 약왕보살본사품	11
제24 묘음보살품	29
제25 관세음보살보문품	43
제26 다라니품	60
제27 묘장엄왕본사품	68
제28 보현보살권발품	81

법화경 사경 발원문

시방세계에 가득하신 불보살님이시여 감사합니다.

부처님 잘 모시고 법화경의 가르침을 잘 받들며 살겠습니다.(3번)

세세생생 부처님과 법화경의 가르침을 잘 받들며 살겠습니다.(3번)

법화경 사경 입재일 : 불기 25   년   월   일   사경불자 :

開 法 藏 眞 言
개법장진언
옴 아라남 아라다(3번)

南無 一乘最上法門 妙法蓮華經
나무 일승최상법문 묘법연화경(3번)

제22 촉루품
第二十二 囑累品

그때 세존께서는 법좌(法座)에서 일어나, 큰 신통력으로 오른손을 뻗어 한량없는 보살마하살들의 정수리를 어루만지며 이르셨다.

"나는 무량 백천만억 아승지겁 동안 이 얻기 어려운 아뇩다라삼먁삼보리법을 닦아 익혔노라. 내 이제 이를 너희에게 부촉(付囑)하노니, 너희는 마땅히 일심으로 이 법을 유포시켜 널리 이롭게 하라."

이와 같이 보살마하살들의 정수리를 어루만지며 세 번을 거듭 부촉한 다음, 또 이르셨다.

"나는 무량 백천만억 아승지겁 동안 이 얻

기 어려운 아뇩다라삼먁삼보리법을 닦아 익혔노라. 내 이제 이를 너희에게 부촉하노니, 너희는 마땅히 수지독송하고 이 법을 널리 펴서, 일체 중생으로 하여금 모두 듣고 알게 할지니라.

 그 까닭이 무엇인가? 여래는 인색함이 없고 두려움이 없는 대자대비로 중생들에게 불지(佛智)혜(慧)와 여래지혜(如來智慧)와 자연지혜(自然智慧)를 능히 주는, 일체 중생의 큰 시주(施主)이기 때문이니라. 너희는 이러한 여래의 법을 본받아 인색한 마음을 일으키지 않도록 하라.

 저 미래세에 여래의 지혜를 잘 믿는 선남자 선여인이 있으면 마땅히 법화경을 설하여 들을 수 있게 해야 하나니, 그 사람으로 하여금 부처님의 지혜를 얻게 하기 위함이니라.

 만일 어떤 중생이 믿지 않고 받아 지니지 않더라도 마땅히 여래의 깊고도 묘한 법을 보여 주고 가르쳐 이로움과 기쁨을 주어야 하나니, 너희가 이와 같이 행하면 부처님들의 은혜를 능히 갚을 수 있느니라."

부처님께서 이와 같이 설하시는 것을 듣고 온몸에 대환희심이 가득해진 보살마하살들은 부처님을 더욱 공경하면서 머리 숙여 합장하고 한 목소리로 아뢰었다.

"세존께서 분부하신 바를 반드시 다 받들어 행하겠나이다. 세존이시여, 부디 심려하지 마옵소서."

"세존께서 분부하신 바를 반드시 다 받들어 행하겠나이다. 세존이시여, 부디 심려하지 마옵소서."

"세존께서 분부하신 바를 반드시 다 받들어 행하겠나이다. 세존이시여, 부디 심려하지 마옵소서."

보살마하살들은 함께 소리 내어 세 번을 거듭 맹세하였다.

그때 석가모니불은 시방에서 온 모든 분신

불들을 본국으로 돌아가게 하고자 이렇게 이르셨다.

"부처님들께서는 각기 본래 처소로 편안히 돌아가시고 다보여래의 보배탑도 본래의 자리로 돌아가소서."

석가모니불께서 이와 같이 말씀하시자, 보배나무 아래의 사자좌에 앉아 계시던 시방의 모든 분신불들과 다보여래, 상행보살 등의 수없이 많은 보살 대중들, 사리불 등의 성문과 사부대중, 일체 세간의 천인들과 인간들과 아수라들 모두가 크게 기뻐하였다.

제23 약왕보살본사품
第二十三 藥王菩薩本事品

그때 수왕화(宿王華)보살이 부처님께 아뢰었다.

"세존이시여, 약왕보살은 왜 이 사바세계의 모든 곳을 두루 다니나이까? 세존이시여, 이 약왕보살은 몇 백천만억 나유타나 되는 어려운 수행과 고행을 하였나이까?

거룩하신 세존이시여, 이에 대해 조금만이라도 이야기해 주신다면 천·용·야차·건달바·아수라·가루라·긴나라·마후라가·인비인(人非人)들과 다른 국토에서 온 보살들과 이곳에 있는 성문 대중들이 듣고서 모두 기뻐할 것이옵니다."

부처님께서 수왕화보살에게 이르셨다.

"아주 먼 옛날, 무량 항하사겁 전에 한 부처님이 계셨으니, 이름은 일월정명덕여래·응공·정변지·명행족·선서·세간해·무상사·조어장부·천인사·불세존이요, 그 부처님 밑에는 80억의 대보살마하살들과 72항하사만큼 많은 대성문들이 있었느니라.

그 부처님의 수명은 4만2천겁이었고, 보살들의 수명도 그와 같았으며, 그 나라에는 여인과 지옥·아귀·축생·아수라가 없었고 갖가지 재난이 없었느니라.

또 손바닥과 같이 평평하고 유리로 이루어진 땅에는 보배나무가 즐비하였는데, 그 나무를 보배그물로 감싸고 보배꽃을 수놓은 깃발을 드리웠으며, 보배로 된 항아리와 향로가 나라 안에 가득하였느니라. 또 칠보로 집을 만들되 나무 하나에 집이 하나씩 있었으며 그 보배나무들 아래에는 보살과 성문들이 앉아 있었고, 보배집 위쪽에는 백억이나 되는 천인들이 하늘의 음악을 연주하여 부처님을 찬탄하고 공양하였느니라.

그때 부처님께서는 일체중생희견보살(一切衆生喜見菩薩)을 비롯한 수많은 보살들과 성문들을 위해 법화경을 설했느니라. 고행을 즐겨 닦았던 일체중생희견보살은 일월정명덕불의 가르침을 닦고 익히며 일심으로 부처되기를 구한지 1만2천년만에 마침내 현일체색신삼매(現一切色身三昧)를 얻었는데, 이 삼매를 얻은 보살은 크게 환희하며 생각했느니라.

'내가 온갖 몸을 마음대로 나타낼 수 있는 현일체색신삼매를 얻은 것은 법화경을 들었기 때문이다. 내 마땅히 일월정명덕불과 법화경에 공양하리라.'

그리고는 곧 삼매에 들어, 만다라꽃과 마하만다라꽃과 가는 전단향가루를 비 내리듯이 하니 허공에 가득차서 구름처럼 내려왔고, 또 적은 양의 가치가 사바세계 전체의 값어치와 같은 해차안전단향을 비 내리듯이 내려 부처님께 공양하였으며, 공양을 마친 다음에는 삼매에서 일어나 생각했느니라.

'내 비록 신통력으로 일월정명덕불께 공양하였으나, 몸을 공양함만은 못하다.'

그리고는 곧 전단향·훈륙향·도루바향·필력가향·침수향·교향 등의 좋은 향을 먹고, 또 첨복화 등의 갖가지 꽃에서 짠 향유를 1천2백 년 동안 마신 다음, 몸에 향유를 바르고 일월정명덕불께 나아갔느니라.

그 앞에서 하늘의 보배 옷으로 몸을 감고 갖가지 향유를 몸에 부은 다음 신통력으로 자기의 몸을 스스로 태우니, 그 밝은 광명이 80억 항하사만큼 많은 세계들을 두루 비추었느니라. 그러자 그 세계에 계신 부처님들께서 동시에 찬탄했느니라.

'훌륭하구나, 선남자야. 이야말로 참된 정진이요 여래에 대한 참다운 법공양이니, 꽃·

향·영락, 사르는 향과 가루 향과 바르는 향, 천상의 비단 깃발과 천개, 해차안전단향 등의 여러 가지 물건으로 공양을 할지라도 이에는 미치지 못하며, 설혹 나라와 아내와 자식 등을 보시할지라도 이에는 미치지 못하느니라.

 선남자야, 이를 이름하여 제일의 보시라 하나니, 모든 보시 중에서 가장 존귀한 최상의 보시이니라. 왜냐하면 부처님께 법공양(法供養)을 하였기 때문이니라.'

 부처님들은 이렇게 말씀하시고 모두들 침묵하셨으며, 일체중생희견보살의 몸은 1천2백년 동안 타오른 뒤에야 소멸되었느니라.

 일체중생희견보살은 이와 같이 법공양을 마치고 죽은 다음에, 다시 일월정명덕불 나라의 정덕왕(淨德王) 가문에 어머니의 태를 거치지 않고 결가부좌를 한 채 홀연히 화생(化生)하여, 자신의 아버지에게 게송으로 말했느니라.

대왕이신 아버지여 마땅히 잘 아옵소서
저는 지난 세상에서 정성 다해 수행하여
일체 색신 나타내는 깊은 삼매 얻었으며
더욱 힘써 정진하여 조그마한 미련 없이
아끼는 몸 모두 태워 부처님께 공양함은
가장 높은 무상지혜 구하고자 함입니다

그리고는 다시 아버지에게 말했느니라.
'일월정명덕불께서는 지금도 계시나이다. 저는 앞서 이 부처님께 공양한 다음에 모든 중생들의 말을 다 이해하는 다라니를 얻게 되었습니다. 또 법화경 8백천만억 나유타에 이르는 게송을 듣게 되었습니다. 부왕이시여, 저는 지금 이 부처님께 다시 공양을 하려 하옵니다.'
이렇게 말하고는 칠보로 된 좌대에 앉은 채 7다라수(多羅樹)(175m) 높이의 허공으로 올라갔고, 그대로 부처님 계신 곳으로 나아가 머리를 발에 대어 예배하고 게송으로 부처님을 찬탄하였느니라.

모습 심히 진귀하고 미묘하온 세존께서
시방세계 가득하게 밝은광명 발하오니
일찍부터 부처님께 많은공양 올렸던 저
이제 다시 돌아와서 부처님을 뵙나이다

일체중생희견보살은 게송을 마친 다음 일월정명덕불께 여쭈었느니라.

'세존이시여, 세존께서는 언제까지 세상에 계시나이까?'

'선남자야, 내 이제 열반할 때가 되었고 내 몸이 사라질 때가 되었도다. 나에게 편안한 자리를 마련해다오. 오늘 밤에 열반에 들 것이다.'

그리고는 일체중생희견보살에게 또 분부하셨느니라.

제23 약왕보살본사품

'선남자야, 이 불법을 그대에게 부촉하노라. 모든 보살들과 큰 제자들, 그리고 아뇩다라삼먁삼보리에 대한 가르침, 삼천대천의 칠보세계와 모든 보배나무와 보배집과 시중드는 천인 등을 너에게 모두 부촉하노라. 또 내가 멸도한 뒤에 나의 사리도 너에게 부촉하나니, 너는 이를 널리 유포시키고 널리 공양할 수 있게 1천개의 탑을 세울지니라.'

일월정명덕불은 이와 같이 분부하시고 한밤중에 열반에 드셨느니라.

부처님께서 멸도하시는 것을 본 일체중생희견보살은 몹시 슬퍼하고 괴로워하고 더욱 그리워하면서, 해차안전단향을 쌓고, 그 위에 부처님의 몸을 모신 다음 불태웠느니라. 불이 꺼지자 사리를 거두어 8만4천 개의 보배사리병에 넣어서, 표찰(表刹)과 각종 깃발과 천개(天蓋)와 보배방울로 장식한 8만4천 개의 탑을 세웠느니라. 이때 일체중생희견보살은 다시 생각했느니라.

 '내 비록 이렇게 공양하였지만 마음이 흡족하지 않다. 다시 공양을 하리라.'

 그리고는 보살 및 큰 제자들과 천·용·야차 등의 일체대중에게 말했느니라.

 '그대들은 꼭 일심으로 생각하십시오. 내 이제 일월정명덕불의 사리에 공양하겠습니다.'

 이렇게 말하고 곧 8만4천 탑 앞에서 백 가지 복덕을 지닌 팔을 7만2천 년 동안 태우면서 공양하여, 무수한 성문들과 한량없는 아승지 수의 사람들로 하여금 아뇩다라삼먁삼보리심을 내게 하였으며, 현일체색신삼매에 머물게 하였느니라.

 그때 모든 보살들과 천인·인간·아수라 등은 그 보살에게 팔이 없는 것을 보고는 근심하고 슬퍼했느니라.

 '아, 일체중생희견보살은 우리의 스승으로,

제23 약왕보살본사품 · 19

우리를 교화하기 위해 팔을 태워 불구가 되었구나.'

그러자 일체중생희견보살이 대중들 앞에서 서원을 하였느니라.

'내 두 팔을 바쳤으니, 반드시 부처님의 금빛 몸을 얻게 되어지이다. 그리고 이 말이 진실이라면 나의 두 팔도 다시 예전과 같이 되어지이다.'

이렇게 서원하자 두 팔이 저절로 예전과 같이 되었으니, 이는 이 보살의 복덕과 지혜가 두터웠던 까닭이니라. 그리고 그의 서원대로 되었을 때, 삼천대천세계가 여섯 가지로 진동하였고, 하늘에서는 보배의 꽃비를 내렸으며, 이를 본 모든 천인과 사람들은 일찍이 경험하지 못했던 일이라고 경탄하였느니라."

부처님께서 수왕화보살에게 이르셨다.
"네 생각에는 일체중생희견보살이 누구일

것 같으냐? 지금의 약왕보살이 바로 그이니라. 그는 이와 같이 몸을 버려 보시하기를 무량 백천만억 나유타수만큼 행하였느니라.

수왕화야, 만일 아뇩다라삼먁삼보리를 얻고자 하는 마음을 일으킨 이가 손가락이나 발가락 하나를 태워서 부처님의 탑에 공양하면, 이는 나라와 아내와 자식, 삼천대천국토의 산과 숲과 강과 못과 갖가지 진귀한 보물을 공양하는 것보다 더 훌륭하니라.

또 어떤 이가 칠보를 삼천대천세계에 가득 채워 부처님과 대보살과 벽지불과 아라한에게 공양할지라도, 그가 얻는 공덕은 이 법화경의 네 구절 한 게송을 받아 지닐 때 얻는 복보다 못하니라.

수왕화야, 마치 냇물·강물 등의 모든 물 가운데에서 바다가 으뜸이듯이, 법화경은 여래가 설한 여러 경전 가운데 가장 크고 깊으니라.

　　　　土山　黑山　小鐵圍山　大鐵圍山　十寶山
　　토산·흑산·소철위산·대철위산·십보산 등
의 여러 산들 가운데 수미산이 으뜸이듯이,
법화경은 여러 경전 가운데 가장 높으니라.
　　모든 별들 가운데 달이 으뜸이듯이, 법화경
은 천만억종의 경전 가운데 가장 밝게 빛나
느니라.
　　저 태양이 모든 어둠을 없애 버리듯이 법
　　　　　　　　　　不善
화경은 온갖 불선의 어둠을 능히 없애느니라.
　　모든 왕들 가운데 전륜성왕이 으뜸이듯이,
법화경은 여러 경전 가운데 가장 존귀하니라.
　　제석천이 삼십삼천의 왕인 것처럼, 법화경
은 모든 경전의 왕이니라.
　　대범천왕이 일체 중생의 아버지인 것처럼,
　　　　　　　　　賢聖　　有學 無學
법화경은 일체 현성과 유학·무학과 보살의
마음을 발한 이의 아버지가 되느니라.
　　　　　　　　　　　　　須陀洹　斯陀含　阿那
　　모든 범부들 가운데 수다원·사다함·아나
　含　阿羅漢　　辟支佛
함·아라한과 벽지불이 으뜸이듯이, 법화경은
여래가 설하고 보살이 설하고 성문이 설한

여러 경법(經法) 가운데 가장 으뜸이니라. 그리고 법화경을 받아 지니는 이 또한 일체 중생 가운데 으뜸이 되느니라.

일체 성문·벽지불 등의 수행자 가운데 보살이 으뜸이듯이, 법화경은 모든 경법 가운데 으뜸이 되며, 부처가 모든 법의 왕이듯이, 법화경은 여러 경전 가운데 왕이 되느니라.

수왕화야, 법화경은 일체 중생을 구하고, 법화경은 일체 중생으로 하여금 온갖 고뇌에서 벗어나게 하며, 법화경은 일체 중생을 크게 이롭게 하고 원하는 바를 만족시켜 주느니라.

목마른 이가 만족스럽게 갈증을 풀 수 있는 시원한 연못을 만나듯이, 추운 이가 불을 만나듯이, 헐벗은 이가 옷을 얻듯이, 상인이 물주(物主)를 만나듯이, 아이가 어머니를 만나듯이, 물을 건너는 이가 배를 만나듯이, 병든 이가 의사를 만나듯이, 어둠속에서 등불을 만나듯이, 가난한 이가 보물을 얻듯이, 백성이 현명한 왕을 만나듯이, 무역하는 이가 바다를 만나듯이, 횃불이 어둠을 몰아내듯이, 법화경도 능히 중생들의 온갖 괴로움과 온갖 병통(病痛)을 떠나게 하고, 능히 생사의 속박에서 벗어나게 해주느니라.

만일 어떤 이가 이 법화경을 듣고 스스로 사경하거나 남에게 사경토록 하면, 그가 얻는 공덕은 부처님의 지혜로 헤아릴지라도 그 끝을 알 수가 없느니라. 또 법화경을 사경하여 거기에 꽃·향·영락, 사르는 향과 가루 향과 바르는 향, 깃발·천개·의복과 우유등·기름등·향유등·첨복기름등·수만나기름등·바라라기름등·바리사가기름등·유등·나바마리기름등 등의 갖가지 등불을 공양하면, 그가 얻는 공덕 또한 한량이 없느니라.

수왕화야, 만일 어떤 이가 이 약왕보살본사품(藥王菩薩本事品)을 들으면 그 또한 한량없고 끝없는 공덕을 얻게 되며, 만일 어떤 여인이 약왕보살본사품을 듣고 능히 받아 지니면, 지금의 여자 몸을 마친 뒤에는 다시 여인의 몸을 받지 않게 되느니라.

또 여래가 멸도한 다음 5백 년 뒤에 어떤 여인이 법화경을 듣고 그대로 수행하면, 목숨을 마친 뒤에 대보살들이 아미타불(阿彌陀佛)을 둘러싸고 설법을 듣는 극락세계의 연화보좌(蓮華寶座) 위에 태어나서, 다시는 탐욕으로 인한 괴로움을 받지 않고, 성냄이나 어리석음으로 인한 괴로움을 받지 않으며, 교만·질투 등의 갖가지 번뇌로 인한 괴로움을 받지 않게 되느니라.

또 보살의 신통력을 얻고 무생법인(無生法忍)을 얻은 다음, 청정해진 눈으로 7백만2천억 나유타 항하사만큼 많은 부처님들을 뵙게 되며, 그때 모든 부처님들이 멀리서 함께 찬탄을 하시느니라.

'착하고 훌륭하도다. 선남자야, 네가 능히

석가모니불의 법 가운데에서 법화경을 수지 독송하고 사유하고 남을 위해 설하였구나. 네가 얻는 복덕은 한량없고 끝이 없어서 불로도 태울 수 없고 물로도 떠내려 보낼 수 없으며, 너의 공덕은 1천 명의 부처님이 함께 설하신다 해도 다 설하지 못하느니라. 너는 이제 모든 마군(魔軍)을 쳐부쉈고 생사(生死)라는 적군을 무너뜨렸으며, 원수와 적들을 모두 없애버렸도다.

선남자야, 수백 수천의 부처님들이 신통력으로 너를 수호하나니, 일체 세간의 천인과 인간들 가운데 여래를 제하고는 너와 같은 이가 없으며, 모든 성문·벽지불·보살들의 지혜와 선정도 너와 같은 이가 없느니라.'

수왕화야, 이 보살은 이러한 공덕과 지혜의 힘을 성취하게 되느니라.

만일 어떤 이가 이 약왕보살본사품을 듣고 정말 기뻐하고 찬탄을 하면, 그 사람의 입에서는 늘 푸른 연꽃 향기가 나고, 몸의 털구멍에서는 늘 우두전단 향기가 나며, 얻게 되는 공덕은 앞에서 설한 바와 같으니라.

수왕화야, 이 약왕보살본사품을 너에게 부촉하노니, 내가 멸도하고 5백년이 지난 뒤에 이 사바세계에 널리 유포시켜 끊어지지 않도록 하여라. 또 악마와 악마의 권속들, 천·용·야차·구반다 등이 이 경을 멋대로 이용하지 못하게 하여라.

수왕화야, 너는 신통력으로 반드시 이 경을 수호해야 한다. 왜냐하면 이 경이 사바세계 사람들의 병을 고쳐주는 좋은 약이기 때문이니라. 만일 병 있는 이가 이 경을 들으면 모든 병이 곧 사라지고 늙지 않으며, 뜻하지 않은 죽음이 찾아오지 않느니라.

수왕화야, 만일 법화경을 받아 지니는 이를 보거든 푸른 연꽃과 가루향 한아름을 그에게 뿌려 공양하고, 이렇게 생각하여라.

'이 사람은 오래지 않아 도량에 풀을 깔고 앉아 모든 마구니를 물리칠 것이요, 법소라를 불고 큰 법고를 쳐서 일체 중생을 생로병사의 바다에서 건져내어 해탈하게 할 것이다.'

불도를 구하다가 법화경을 수지하는 이를 보게 되면, 반드시 이와 같은 공경심을 내어야 하느니라."

부처님께서 이 약왕보살본사품을 설하시자, 8만4천 보살들이 모든 중생들의 말을 이해하는 다라니를 얻었으며, 보탑 속의 다보여래께서는 수왕화보살을 찬탄하셨다.

"착하고 훌륭하도다. 수왕화야, 그대는 불가사의한 공덕을 성취하였기에, 능히 석가모니불께 이와 같은 일을 여쭈어 한량없는 중생들을 이롭게 하였구나."

제24 묘음보살품
第二十四 妙音菩薩品

 그때 석가모니불께서 32대인상(大人相)에 속하는 육계(肉髻)와 미간의 백호(白毫)에서 광명을 발하여, 8백만억 나유타 항하사만큼 많은 동쪽의 부처님 세계를 모두 비추었다.

 그 많은 세계를 지나면 다시 한 세계가 있으니, 세계의 이름은 정광장엄(淨光莊嚴)이요, 한 분의 부처님이 계시니 이름이 정화수왕지(淨華宿王智)여래·응공·정변지·명행족·선서·세간해·무상사·조어장부·천인사·불세존이었다.

 이 부처님께서 당신을 공경하여 둘러싸고 있는 무량무변 보살 대중들에게 설법을 하고 계실 때, 석가모니불의 백호에서 나온 광명이 그 나라를 두루 비추었다.

 이 정광장엄세계에는 묘음(妙音)이라는 보살이 있는데, 그는 오랫동안 갖가지 선근을 심었고, 한량없는 백천만억 부처님을 공양하고 가까이하여 매우 깊은 지혜를 성취하였으며, 묘당상삼매(妙幢相三昧)·법화삼매(法華三昧)·정덕삼매(淨德三昧)·수왕희삼매(宿王戲三昧)·무연삼매(無緣三昧)·지인삼매(智印三昧)·해일체중생어언삼매(解一切衆生語言三昧)·집일체공덕삼매(集一切功德三昧)·청정삼매(淸淨三昧)·신통유희삼매(神通遊戲三昧)·혜거삼매(慧炬三昧)·장엄왕삼매(莊嚴王三昧)·정광명삼매(淨光明三昧)·정장삼매(淨藏三昧)·불공삼매(不共三昧)·일선삼매(日旋三昧) 등 백천만억 항하사만큼 많은 큰 삼매들을 모두 얻었다.

 묘음보살은 석가모니불의 광명이 자기의 몸에 비치자 정화수왕지불께 아뢰었다.

 "세존이시여, 사바세계에 가서 석가모니불께 예배드리고 가까이에서 공양하고자 하옵니다. 또 문수사리법왕자보살과 약왕보살·용시보살(勇施)·수왕화보살·상행의보살(上行意)·장엄왕보살(莊嚴王)·약상보살(藥上) 등도 만나 보고자 하옵니다."

정화수왕지불께서 묘음보살에게 이르셨다.

"너는 저 사바세계를 업신여기거나 하찮다고 생각하지 말라. 저 사바세계의 땅은 높고 낮은 곳이 있어 평탄하지 않고 흙과 돌로 된 산들과 더러운 것들이 많으며, 그곳에 있는 부처님과 보살들의 몸은 매우 작으니라. 그런데 너의 몸은 크기가 4만2천 유순이나 되고 나의 몸은 6백8십만 유순이나 된다. 또 너의 몸은 아주 단정할 뿐 아니라 백천만 가지 복과 훌륭하고 묘한 빛을 띠고 있다. 그렇다고 하여 저 사바세계를 업신여기거나 그곳의 불보살과 국토를 하찮게 생각하여서는 안 되느니라."

묘음보살이 아뢰었다.

"부처님이시여, 제가 지금 사바세계로 갈 수 있는 것은 다 여래의 힘이요 여래의 자유자재한 신통력과 여래께서 지혜로 장엄한 공덕에 의해 가능한 것이옵니다."

그리고는 자리에서 일어나거나 몸을 움직이지도 않고 삼매에 들었으며, 그 삼매의 힘으로 기사굴산에 있는 석가모니불의 법좌에서 멀지 않은 곳에 8만4천이나 되는 보배 연꽃을 만들어내었다. 그 연꽃들의 줄기는 염부단금으로 되어 있고, 잎사귀는 백은으로, 꽃술은 금강(金剛)으로, 꽃받침은 붉은 빛을 띤 견숙가보(甄叔迦寶)로 이루어져 있었다.

이때 문수사리법왕자가 이 연꽃들을 보고 부처님께 여쭈었다.

"세존이시여, 무슨 인연으로 이와 같은 상서(祥瑞)가 나타났나이까? 이 수많은 연꽃들의 줄기는 모두 염부단금으로 되어 있고 잎사귀는 백은으로, 꽃술은 금강으로, 꽃받침은 견숙가보로 되어 있나이다."

부처님께서 문수사리에게 이르셨다.

"이는 8만4천 보살들에게 둘러싸인 묘음보살마하살이 저 정화수왕지불의 국토에서 이 사바세계로 와서 나에게 공양하고 친근(親近)하고 예배를 하려 함이요, 또한 법화경에 공양하고 설법을 들으려 함이니라."

문수사리보살이 부처님께 여쭈었다.

"세존이시여, 이 보살은 어떠한 선근을 심고 어떠한 공덕을 닦았기에 이토록 큰 신통력을 지니게 되었나이까? 또 어떤 삼매를 익혔나이까? 원하옵건대 저희에게 그 삼매의 이름을 설하여 주옵소서. 저희 또한 그 삼매를 부지런히 익히고자 하옵니다. 그리고 이 보살의 모습이 큰지 작은지, 몸가짐이 어떠한지, 어떻게 나아가고 머무르는지를 보고 싶습니다. 원하옵건대 세존이시여, 신통력으로 저 보살을 오게 하시어 저희가 볼 수 있게 하옵소서."

석가모니불이 문수사리에게 이르셨다.

"오래전에 멸도하신 다보여래께서 너희를 위해 그의 모습을 반드시 나타내게 하시리라."

이때 다보불께서 묘음보살에게 이르셨다.

"선남자야, 오너라. 문수사리 법왕자가 너를 만나고 싶어 한다."

이에 묘음보살이 그 나라를 떠나 8만4천 보살들과 함께 오니, 그들이 지나는 국토마다 땅이 여섯 가지로 진동했고 칠보로 된 연꽃들이 비 오듯이 내렸으며 백천가지 하늘의 음악과 북이 저절로 울려 퍼졌다.

묘음보살의 눈은 마치 넓고 큰 푸른 연꽃잎과 같았고, 얼굴은 백천만개의 달을 합해 놓은 것보다 더 단정하였으며, 황금빛 몸은 한량없는 공덕으로 빛나고 있었고, 그 위엄과 덕은 타오르는 듯 빛을 발하고 있었다. 또 몸매는 마치 나라연금강(那羅延金剛)과 같이 견고하였다.

묘음보살은 칠보로 된 누각에 올라 7다라수 높이만큼 허공에 뜬 채, 여러 보살들의 공경을 받으며 이 사바세계의 기사굴산에 이르렸다. 그는 칠보 누각에서 내려와 백천이나 되는 영락을 가지고 석가모니불이 계신 곳으로 다가가서, 그 발에 머리를 숙여 예배하고 영락을 바친 다음 아뢰었다.

"세존이시여, 정화수왕지불께서 안부를 여쭈었나이다.

'건강하고 근심 없고 기거하기에 불편 없으시며, 안락하게 생활하시는지요? 몸은 편안하고 세상 일이 참을 만하신지요? 중생들을 제도하기는 쉬우신지요? 중생들이 혹 탐욕과 성냄과 어리석음과 질투와 인색함과 교만이 많지는 않은지요? 또 부모에게 불효하거나 승려를 공경하지 않으며, 삿된 생각과 악한 마음과 오정五情(기쁨·노여움·슬픔·욕심·증오)을 억제하지 못하는 중생들은 아닌지요? 중생들이 능히 마魔를 잘 굴복시키고 있는지요? 또 오래전에 멸도하신 다보여래께서도 오시어 칠보탑 안에서 설법을 듣고 계신지요?'

그리고 다보불께도 '안온하고 근심 없으시며 사바세계에 오래 머무실 만하신지요?'라는 안부를 여쭈었나이다.

세존이시여, 저는 다보불의 몸을 뵙고 싶나이다. 부디 뵐 수 있게 해주시옵소서."

이에 석가모니불이 다보불께 말씀드렸다.

"이 묘음보살이 뵙고 싶어합니다."

다보불께서 묘음보살에게 이르셨다.

"착하고 훌륭하도다. 석가모니불을 공양하고 법화경을 듣기 위해, 그리고 문수사리보살 등을 만나기 위해 여기까지 왔구나."

그때 화덕(華德)보살이 부처님께 여쭈었다.

"세존이시여, 이 묘음보살은 어떤 선근을 심었고, 어떤 공덕을 닦았기에 이러한 신통력을 지니게 되었나이까?"

부처님께서 화덕보살에게 이르셨다.

"과거 세상에 부처님이 계셨으니, 이름은 운뢰음왕(雲雷音王)여래·응공·정변지요, 나라 이름은

現一切세간이며, 겁 이름은 희견이었느니라. 그때 묘음보살은 1만2천 년 동안 10만 가지 음악을 운뢰음왕불께 공양하였고, 또 칠보로 된 발우 8만4천 개를 공양하였느니라. 이 인연의 과보로 지금 정화수왕지불의 국토에 태어났고, 이러한 신통력을 지니게 되었느니라.

화덕아, 그때 운뢰음왕불 밑에서 음악을 공양하고 보배그릇을 바친 이가 묘음보살과 다른 이라고 느껴지느냐? 아니다. 그가 바로 지금의 이 묘음보살이니라.

화덕아, 이 묘음보살은 일찍이 한량없는 부처님들을 만나 뵙고 공양하고 오래도록 선근을 심었으며, 또 항하사만큼 많은 백천만억 나유타 부처님들을 만나 뵈었느니라.

화덕아, 너는 묘음보살의 몸이 여기에만 있다고 여기겠지만, 묘음보살은 여러 가지 몸을 여러 곳에 나타내어 중생들을 위해 법화경을 설하고 있나니, 때로는 범천왕의 몸을 나타내기도 하고, 때로는 제석천·자재천·대자재천의 몸을 나타내기도 하고, 때로는 천상대장군과 비사문천왕(毘沙門天王)의 몸을 나타내어 법화경을 설하느니라.

또 전륜성왕의 몸을 비롯하여 작은 나라 왕들의 몸이나 장자(長者)·거사·재상·관리·바라문의 몸을 나타내기도 하고, 비구·비구니·우바새·우바이의 몸을 나타내기도 하고, 장자·거사 부인의 몸이나 재상·관리·바라문 부인의 몸을 나타내어 법화경을 설하느니라.

또 동남·동녀의 몸을 나타내기도 하고, 때로는 천·용·야차·건달바·아수라·가루라·긴나라·마후라가·인비인 등의 몸을 나타내어 법화경을 설하느니라.

그리고 지옥·아귀·축생의 세계와 불도를 닦기 어려운 곳에 모습을 나타내어 그곳에 있는 이들을 구제하며, 심지어 왕의 후궁(後宮)에 여인의 몸을 나타내어 법화경을 설하느니라.

화덕아, 묘음보살은 사바세계의 중생들을 구호(救護)하는 보살로, 사바세계에 있으면서 갖가지 몸을 나타내어 중생들을 위해 법화경을 설하지만, 신통력이나 지혜는 조금도 손상되지 않느니라.

이 보살은 사바세계를 큰 지혜로 밝게 비추어 중생들이 각기 알아야 할 바를 알게 할 뿐 아니라, 시방의 항하사만큼 많은 세계에서도 이와 같이 하느니라.

만일 성문의 모습으로 제도할 이에게는 성문의 모습을 나타내어 법을 설하고, 벽지불의 모습으로 제도할 이에게는 벽지불의 모습을 나타내어 법을 설하고, 보살의 모습으로 제도할 이에게는 보살의 모습을 나타내어 법을 설하고, 부처의 모습으로 제도할 이에게는 부처의 모습을 나타내어 법을 설하며, 심지어 멸도하는 모습을 보여야만 제도할 수 있는 이에게는 멸도하는 모습을 나타내는 등, 그 제도할 바를 따라 여러 가지 모습을 나타내느니라.

화덕아, 묘음보살마하살이 성취한 대신통과 대지혜의 힘은 이와 같으니라."

화덕보살이 부처님께 여쭈었다.

"세존이시여, 과연 묘음보살은 깊은 선근을 심은 분이옵니다. 세존이시여, 이 보살은 어떤 삼매에 머물기에 이처럼 여러 곳에다 갖가지 모습을 나타내어 중생들을 제도할 수 있나이까?"

부처님께서 화덕보살에게 이르셨다.

"선남자야, 그 삼매의 이름은 현일체색신삼매(現一切色身三昧)이니라. 묘음보살은 이 삼매에 머물고 있기 때문에 한량없는 중생을 능히 이롭게 할 수 있느니라."

부처님께서 이 묘음보살품(妙音菩薩品)을 설하시자, 묘음보살과 함께 온 8만 4천 보살 모두는 현일체색신삼매를 얻었으며, 이 사바세계의 한량없는 보살들도 이 삼매와 다라니를 얻었다.

　그때 묘음보살마하살은 석가모니불과 다보불의 탑에 공양을 올린 다음 본국으로 돌아갔으니, 그들이 지나가는 나라마다 땅이 여섯 가지로 진동했고 보배연꽃이 비처럼 내렸으며 백천만억의 음악이 저절로 울려 퍼졌다. 그리고 본국에 당도한 묘음보살은 8만4천 보살들에게 둘러싸인 채 정화수왕지불이 계신 곳으로 나아가 아뢰었다.

　"세존이시여, 사바세계에 가서 중생들을 이롭게 하고 돌아왔나이다. 또 석가모니불과 다보불의 탑을 친견하고 예배드리고 공양하였으며, 문수사리법왕자보살과 약왕보살·득근(得勤)정진력(精進力)보살·용시보살 등도 만나 보았나이다. 그리고 저와 함께 간 8만4천 보살들은 현일체색신삼매를 얻게 되었나이다."

　이 묘음보살품을 설하는 동안, 4만2천에 이르는 천인들이 무생법인을 얻었으며, 화덕보살은 법화삼매를 얻었다.

제25 관세음보살보문품
第二十五 觀世音菩薩普門品

그때 무진의(無盡意菩薩)보살이 자리에서 일어나 오른쪽 어깨를 드러낸 다음, 부처님을 향해 합장을 하고 여쭈었다.

"세존이시여, 관세음보살은 어떠한 인연으로 이름을 관세음(觀世音)이라 하게 되었나이까?"

부처님께서 무진의보살에게 이르셨다.

"선남자여, 만약 백천만억의 한량없는 중생이 여러 가지 괴로움을 받게 되었을 때 관세음보살의 이름을 듣고 일심으로 그 명호를 부르면, 관세음보살은 즉시 그 음성(音聲)을 관(觀)하여 모두에게 해탈을 얻을 수 있게 하느니라.

만일 이 관세음보살의 명호를 지니고 외우

면 큰불[大火] 속에 들어가게 될지라도 불이 그를 태우지 못하나니, 이는 관세음보살의 위신력때문이니라.

또 큰물[大水]에 빠져 표류할지라도 관세음보살의 명호를 부르면 곧 얕은 곳에 이르게 되느니라.

만일 백천만억의 중생이 금·은·유리·자거·마노·산호·호박·진주 등의 보배를 구하기 위해 큰 바다로 나아갔다가 모진 바람[黑風]을 만나 배가 나찰귀의 나라에 이르게 되었을지라도, 그 가운데 한 사람만이라도 관세음보살의 명호를 부르는 이가 있으면 모든 사람들이 나찰의 환란에서 해탈하게 되나니, 이러한 인연으로 인해 이름을 관세음이라 하게 되었느니라.

또 어떤 사람이 몸에 피해를 입게 되었을 때 관세음보살의 명호를 부르면, 해치고자 했던 이의 손에 들린 칼이나 몽둥이[刀杖]가 조각조각 부서져 해탈을 얻게 되느니라.

만일 삼천대천국토에 가득한 야차와 나찰들이 와서 괴롭히고자 하여도, 관세음보살의 명호를 부르는 소리를 듣게 되면 이 모든 악귀(惡鬼)들이 악한 눈으로 그 사람을 볼 수조차 없게 되거늘, 어떻게 해를 입힐 수가 있겠느냐.

또 어떤 사람이 죄가 있거나 죄가 없거나 수갑과 쇠고랑과 형틀 등에 그 몸을 결박당하게 되었을 때, 관세음보살의 명호를 부르면 모두 끊어지고 부수어져 곧 해탈을 얻게 되느니라.

만일 삼천대천국토 속의 도적떼가 가득한 험한 길을 한 상주(商主)가 여러 상인들을 거느리고 값진 보배를 휴대하여 지나갈 때 그들 중 한 사람이 말하기를, '선남자들이여, 두려워하지 말고 일심으로 관세음보살의 명호를 부르십시오. 관세음보살님은 중생들을 두려움에서 건져주시는 분입니다. 그대들이 그 명호를

부르면 틀림없이 도적떼의 피해를 벗어날 수 있습니다.'

상인들이 이 말을 듣고 함께 '나무관세음보살'을 부르면, 그 명호를 부르는 공덕으로 곧 해탈을 얻게 되느니라.

무진의야, 관세음보살마하살 위신력의 높고 큼은 이와 같으니라.

만일 어떤 중생이 음욕심(婬欲心)이 많을지라도 항상 관세음보살을 생각하고 공경하면 문득 음욕을 여의게 되고,

성을 잘 낼지라도 항상 관세음보살을 생각하고 공경하면 문득 성냄을 여의게 되며,

어리석음이 많을지라도 항상 관세음보살을 생각하고 공경하면 문득 어리석음을 여의게 되느니라.'

무진의야, 관세음보살에게는 이와 같은 대위신력(大威神力)이 있어 넉넉하고 풍족한 이익을 베풀어주나니, 그러므로 중생들은 늘 마음으로 그

를 생각해야 하느니라.

또 어떠한 여인이 아들을 얻고자 하여 관세음보살에게 예배하고 공양하면 복덕과 지혜를 갖춘 아들을 낳고, 딸을 얻고자 하면 문득 인물이 단정하고 아름다운 딸을 낳으리니, 그 자녀들은 숙세에 덕(德)의 근본을 심었기 때문에 많은 사람들의 사랑과 존경을 받게 되느니라. 무진의야, 관세음보살은 이와 같은 힘이 있느니라.

만일 어떠한 중생이라도 관세음보살을 공경하고 예배하면 그 복이 결코 헛되지 않나니, 이와 같은 까닭으로 중생들은 마땅히 관세음보살의 명호를 수지(受持)해야 하느니라.

무진의야, 만일 어떤 사람이 62억 항하사만큼 많은 보살의 이름을 수지하고, 다시 그의 목숨이 다할 때까지 음식과 의복과 침구와 의약으로 공양을 한다면, 네 생각은 어떠하냐? 이 선남자 선여인의 공덕이 많겠느냐

적겠느냐?"

무진의보살이 아뢰었다.

"매우 많겠나이다, 세존이시여."

부처님께서 이르셨다.

"만일 또 다른 어떤 사람이 있어 관세음보살의 명호를 수지하고 한 때라도 예배공양을 하면 이 두 사람의 복이 꼭 같아 다름이 없으며, 백천만억겁이 지날지라도 그 복은 다함이 없느니라. 무진의야, 관세음보살의 이름을 수지하면 이와 같이 한량 없고 끝이 없는 복덕과 이익을 얻게 되느니라."

무진의보살이 부처님께 아뢰었다.

"세존이시여, 관세음보살은 어떠한 모습으로 이 사바세계(娑婆世界)에서 노니시고, 어떠한 방법으로 중생을 위해 법을 설하시며, 그 방편의 힘은 어떠하옵니까?"

부처님께서 무진의보살에게 이르셨다.

"선남자야, 관세음보살은 모든 국토의 중생

들 중에서, 부처의 모습으로 응하여 제도해야 할 이에게는 부처의 모습을 나타내어 법을 설하고, 벽지불의 모습으로 제도해야 할 이에게는 벽지불의 모습을 나타내어 법을 설하며, 성문(聲聞)의 모습으로 제도해야 할 이에게는 성문의 모습을 나타내어 법을 설하느니라.

범천왕(梵天王)의 모습으로 제도해야 할 이에게는 범천왕의 모습을 나타내어 법을 설하고, 제석천(帝釋天)의 모습으로 제도해야 할 이에게는 제석천의 모습을 나타내어 법을 설하며, 자재천(自在天)의 모습으로 제도해야 할 이에게는 자재천의 모습을 나타내어 법을 설하며, 대자재천(大自在天)의 모습으로 제도해야 할 이에게는 대자재천의 모습을 나타내어 법을 설하며, 천대장군(天大將軍)의 모습으로 제도해야 할 이에게는 천대장군의 모습을 나타내어 법을 설하며, 비사문천왕(毘沙門天王)의 모습으로 제도를 해야 할 이에게는 비사문천왕의 모습을 나타내어 법을 설하느니라.

인간세계 왕(王)의 모습으로 제도해야 할 이에게는 인간세계 왕의 모습을 나타내어 법을 설하고, 장자(長者)의 모습으로 제도해야 할 이에게는 장자의 모습을 나타내어 법을 설하며, 거사(居士)의 모습으로 제도해야 할 이에게는 거사의 모습을 나타내어 법을 설하며, 재상(宰相)과 같은 관리(官吏)의 모습으로 제도해야 할 이에게는 재관(宰官)의 모습을 나타내어 법을 설하며, 바라문(波羅門)의 모습으로 제도해야 할 이에게는 바라문의 모습을 나타내어 법을 설하며, 비구(比丘)·비구니(比丘尼)·우바새(優婆塞)·우바이(優婆夷)의 모습으로 제도해야 할 이에게는 비구·비구니·우바새·우바이의 모습을 나타내어 법을 설하며, 장자·거사·재관·바라문의 부인(婦人) 모습으로 제도해야할 이에게는 그 부인들의 모습을 나타내어 법을 설하며, 동남(童男)·동녀(童女)의 모습으로 제도해야 할 이에게는 동남·동녀의 모습을 나타내어 법을 설하느니라.

또 천·용·야차·건달바·아수라·가루라·긴나라·마후라가·인비인(人非人) 등의 모습으로 제도해야 할 이에게는 천·용 등의 모습을 나타내어 법을 설하고, 집금강신(執金剛神)의 모습으로 제도해야 할 이에게는 집금강신의 모습을 나타내어 법을 설하느니라.

무진의야, 공덕을 성취한 관세음보살은 이와 같은 다양한 모습으로 모든 국토를 다니면서 중생을 제도하고 해탈케 하느니라. 그러므로 너희는 마땅히 일심으로 관세음보살을 공양해야 하느니라.

이 관세음보살마하살은 두렵고 급한 환란에 처했을 때 능히 두려움을 없애주나니, 그래서 사바세계에서는 그를 일러 '두려움을 없게 하여주는 이〔施無畏者(시무외자)〕'라고 하느니라."

무진의보살이 부처님께 아뢰었다.

"세존이시여, 저는 지금 관세음보살께 공양을 올리고자 하옵니다."

그리고는 곧바로 수많은 보석으로 이루어진 백천냥금의 가치를 지닌 목걸이를 풀어 바치면서 말하였다.

"어진이시여, 이 법시(法施)의 진귀한 보배 목걸이를 받아주소서."

관세음보살이 받으려 하지 않자, 무진의보살이 다시 말하였다.

"어진이시여, 저희들을 불쌍히 여겨 이 목걸이를 받아주소서."

부처님께서 관세음보살에게 이르셨다.

"마땅히 무진의보살을 비롯한 사부대중과 천·용·야차·건달바·아수라·가루라·긴나라·마후라가·인비인 등을 불쌍히 여겨 목걸이를 받도록 하라."

그러자 관세음보살은 사부대중과 천·용·인비인 등을 불쌍히 여겨 목걸이를 받은 다음에 둘로 나누어, 한 몫은 석가모니불께 바치고 한 몫은 다보여래(多寶如來)의 탑에 바쳤다.

"무진의여, 관세음보살에게는 이와 같은 자재한 신통력이 있어 사바세계를 자유로이 노니느니라."

그때 무진의보살이 게송으로 여쭈었다.

묘한 상호 남김없이 구족하신 세존이여
제가 다시 여쭈오니 그 어떠한 인연으로
저 불자는 관세음(觀世音)의 이름얻게 되었나요

묘한 상호 구족하신 세존께서 게송으로 무진의보살에게 답하셨다.

어디에나 응현(應現)하는 관세음의 자비행을
내가 다시 설하리니 마음 모아 잘 들어라
관세음의 큰 서원이 바다같이 깊은 것은
부사의한 오랜 세월 천만억불 모시고서
맑고 밝은 대원(大願)들을 발하였기 때문이다
내가 다시 너를 위해 간략하게 설하리니

관세음의 이름 듣고 그의 모습 바라보며
마음 모아 지극하고 간절하게 생각하면
능히 모든 괴로움을 남김없이 멸하리라
가령 어떤 사람 있어 해치려는 생각 품고
타오르는 불 속으로 힘껏 밀어 넣더라도
일심으로 저 관음을 생각하는 힘에 의해
불구덩이 문득 변해 연못으로 바뀌노라
만일 넓은 바다에서 정처없이 헤매면서
용과 귀신 물고기의 재난 속에 처하여도
일심으로 저 관음을 생각하는 힘에 의해
성난 파도 속에서도 죽지 않고 무사하며
수미산과 같이 높은 봉우리에 서있을 때
갑작스레 어떤 이가 밀어 추락 하더라도
일심으로 저 관음을 생각하는 힘에 의해
해와 같이 허공 중에 머무르게 되느니라
흉악스런 사람들이 뒤쫓아와 피하다가
금강산과 같은 데서 굴러 떨어 질지라도
일심으로 저 관음을 생각하는 힘에 의해

몸은 물론 털끝 하나 상하지가 않게 되며
원수들과 도둑들이 주위에서 에워싸고
칼을 들고 죽이거나 해치고자 할지라도
일심으로 저 관음을 생각하는 힘에 의해
그들 모두 마음 돌려 자비심을 일으킨다
나라 법에 잘못 걸려 벌을 받는 고난 만나
형을 받고 죽을 때가 임박했다 할지라도
일심으로 저 관음을 생각하는 힘에 의해
칼날 등의 흉기들이 조각 조각 부서지고
불행하게 옥에 갇혀 큰칼 쓰고 앉았거나
손과 발이 쇠고랑에 묶여 있다 할지라도
일심으로 저 관음을 생각하는 힘에 의해
시원스레 풀어져서 벗어나게 될 것이며
주술들과 저주들과 여러 가지 독약으로
해치고자 하는 사람 생겨났다 할지라도
일심으로 저 관음을 생각하는 힘에 의해
해치려던 그 사람이 해를 입게 되느니라
흉악하기 그지없는 나찰들을 만나거나

독룡이나 여러악귀 부딪히게 될지라도
일심으로 저 관음을 생각하는 힘에 의해
그 무엇도 그를 감히 해칠 수가 없게 되고
포악스런 짐승들이 사방에서 에워싸고
날카로운 이빨들과 발톱으로 위협해도
일심으로 저 관음을 생각하는 힘에 의해
아득하니 먼 곳으로 흩어져서 달아나며
살모사 등 독사들과 전갈 등의 독충들이
타는 불의 연기처럼 독의 기운 뿜어내도
일심으로 저 관음을 생각하는 힘에 의해
문득 독기 뿜어냄을 멈추고서 돌아가며
먹구름이 덮히면서 천둥 번개 마구치고
우박들과 소나기가 쏟아지듯 퍼부어도
일심으로 저 관음을 생각하는 힘에 의해
삽시간에 먹구름이 걷히면서 흩어진다
중생들이 여러 가지 곤란 액난 당하거나
한량없는 고통들이 몸을 핍박 하게 될 때
저 관음은 묘하고도 지혜로운 능력으로

세간 속의 고통에서 능히 구해 주느니라
신통력과 지혜방편 널리 닦아 갖췄기에
시방 모든 국토에다 몸을 두루 나타내어
지옥 아귀 축생계와 나쁜세계 중생들의
나고 늙고 병들어서 죽게 되는 고통들을
관세음은 차츰차츰 모두없애 주느니라
참된 진관(眞觀) 청정관(淸淨觀)과 광대지혜(廣大知慧) 관(觀)과 함께
비관(悲觀)으로 슬피보고 자관(慈觀)으로 사랑하니
어디서나 늘 원하고 늘 우러러 볼지니라
맑고 밝고 티가 없는 청정 광명 뿜어내니
해와 같은 그 지혜로 모든 어둠 몰아내고
풍재화재(風災火災) 온갖 재앙 풍파들을 물리쳐서
이 세간을 두루 두루 밝게 비춰 주느니라
슬퍼하는 그 마음은 천둥되어 진동하고
자애로운 그 마음은 크고 묘한 구름되어
감로수와 같은 법비 고루 고루 내려주어
중생들의 번뇌 불길 모두없애 주느니라
나쁜 일로 소송 당해 관청으로 나가거나

제25 관세음보살보문품 · 57

두렵기가 그지없는 전쟁터에 있더라도
일심으로 저 관음을 생각하는 힘에 의해
모든 원결 다 풀리고 적군들이 물러간다
관세음(觀世音)은 묘음(妙音)이요 범음(梵音)이요 해조음(海潮音)에
이 세간을 뛰어넘은 승피세간(勝彼世間) 음(音)이니라
어느 때나 모름지기 관세음을 생각하되
잠시 잠깐 한 생각도 의심하지 말지어다
청정하고 거룩하기 그지없는 관세음은
고통 번뇌 죽음 질병 불행한 일 당했을 때
굳게 믿고 의지하면 능히 감싸 주느니라
관세음은 일체 공덕 두루 모두 갖춘 이요
자비로운 그 눈으로 중생들을 보살피고
한량없는 복덕들이 모여드는 바다이니
응당 모두 머리 숙여 예배해야 하느니라

그때 지지보살(持地菩薩)이 자리에서 일어나 부처님 앞으로 나아가 아뢰었다.

"세존이시여, 중생들 중에 이 관세음보살보(觀世音菩薩普)

문품(門品)의 자유자재한 업(業)과 보문(普門)을 나타내는 신통력에 대해 듣는 이가 있으면, 이 사람의 공덕이 결코 적지 않다는 것을 능히 알겠나이다."

부처님께서 이 보문품을 설하실 때, 대중 가운데 8만4천 중생이 무엇과도 비교할 수 없는 아뇩다라삼먁삼보리심을 발하였다.

제26 다라니품
第二十六 陀 羅 尼 品

그때 약왕보살이 자리에서 일어나 오른쪽 어깨를 드러낸 다음, 부처님을 향해 합장을 하고 여쭈었다.

"세존이시여, 선남자 선여인이 법화경을 수지하고 독송하여 그 내용을 통달하고 사경을 하면 얼마나 많은 복을 얻게 되나이까?"

부처님께서 약왕보살에게 이르셨다.

"만일 어떤 선남자 선여인이 8백만억 나유타 항하사만큼 많은 부처님들께 공양하였다면, 너는 어떻게 생각하느냐? 그가 얻는 복이 많겠느냐?"

"매우 많겠나이다, 세존이시여."

"만일 선남자 선여인이 법화경의 네 구절로 된 게송 하나만이라도 수지독송하여 그 뜻을 이해하고 설한대로 수행하면, 앞의 공덕보다 이 공덕이 더 많으니라."

그러자 약왕보살이 부처님께 아뢰었다.

"세존이시여, 제가 이제 이 법화경을 설하는 이들에게 그들을 수호해 줄 다라니주(陀羅尼呪)를 주겠나이다."

아니 마니 마네 마마네 지레 자리제 샤마 가리디위 선제 목제 목다리 사리 아위사리 상리 사리 사예 아사예 아기니 선제 사리 다라니 아로가바사 프라타베로사니 니디루 아반타라니비스테 아반타라바리숫다 구구레 모구레 아라레 바라레 수가차 아사마사메 붓다비기리키제 달마바리차제 상가니르고사제 바사바사수지 만다라 만다라샤야다 우루다

우루다교사라 악샤라 악사야다야 아바로 아마야나다야

"세존이시여, 이 다라니신주(神呪)는 62억 항하사만큼 많은 부처님들께서 설하신 것으로, 만일 법사를 방해하거나 헐뜯으면, 이는 곧 부처님들을 방해하고 헐뜯는 것이 되옵니다."

부처님께서 약왕보살을 칭찬하며 이르셨다.

"착하고 훌륭하구나, 약왕아. 법화경을 설하는 법사를 어여삐 여겨 지켜 주고자 이 다라니를 설하였구나. 많은 중생들이 큰 이익을 얻게 될 것이다."

그때 용시보살(勇施菩薩)이 부처님께 아뢰었다.

"세존이시여, 저도 법화경을 수지독송하는 이들을 지켜주기 위해 다라니를 설하겠나이다. 만일 법사가 이 다라니를 지니면 야차·나찰, 열병귀신인 부단나(富單那), 악귀인 길자(吉蔗)·구반다·아귀 등이 그의 약점을 아무리 찾으려 해도 찾지 못하게 되옵니다."

자레 마하자레 우지 모지 아레 아라바
제 열레제 열레다바제 이지니 위지니 지
지니 열레지니 열레버바지

"세존이시여, 이 다라니 신주는 항하사만큼 많은 부처님들께서 설하시고 기뻐하신 것이옵니다. 그러므로 이 법사를 방해하거나 헐뜯으면, 그것은 곧 부처님들을 방해하고 헐뜯는 것이 되옵니다."

그때 세상을 수호하는 비사문천왕(毗沙門天王)이 부처님께 아뢰었다.

"세존이시여, 저 또한 중생들을 어여삐 여기고 법화경을 설하는 법사를 지켜 주기 위해 다라니를 설하겠나이다."

아리 나리 노나리 아나로 나리 구나리

"세존이시여, 이 신주로 법사를 지키고, 저 또한 법화경을 지니는 이들을 옹호하여 1백 유순 안에서는 어떠한 재앙도 없도록 하겠나이다."

그때 대중 속에 있던 지국천왕(持國天王)이 천만억 나유타 수의 건달바들에게 둘러싸여 공경을 받으며 부처님 앞으로 나아가 합장하고 아뢰었다.

"저 또한 다라니 신주로 법화경을 지니는 이를 지키겠습니다."

아가네 가네 구리 건다리 전다리 마등기
상구리 부루사니 알지

"세존이시여, 이 다라니 신주는 42억 부처님들께서 설하신 것입니다. 그러므로 이 법사를 방해하거나 헐뜯으면, 곧 부처님들을 헐뜯는 것이 되옵니다."

그때 남바라는 이름을 가진 나찰녀를 비롯하여 비람바·곡치·화치·흑치·다발·무염족·지영락·고제·탈일체중생정기 등 10명의 나찰녀는 귀자모와 그녀의 아들, 그리고 권속들과 함께 부처님께로 나아가 함께 아뢰었다.

"세존이시여, 저희 또한 법화경을 받아 수지독송하는 이를 응호하여 모든 재앙을 없애주고자 하옵니다. 그리고 만일 어떤 이가 법사의 단점을 찾아내려고 하면 끝내 단점을 찾지 못하도록 하겠나이다."

이제리 이제미 이제리 아제리 이제리 니리 니리 니리 니리 니리 루헤 루헤 루헤 루헤 다헤 다헤 다헤 도헤 로헤

"차라리 나의 머리 위에 오를지언정 법사를 괴롭히지 말라. 나찰이든 아귀든 부단나든 길자든 비다라든 건타든 오마륵가든 아발마

羅　　　夜叉吉蔗　　人吉蔗
라든 야차길자든 인길자(마술사)든, 하루·이틀·사흘·나흘·이레 또는 항상 열병을 앓게 하는 그 어떤 귀신이라도 법사를 괴롭히지 말며, 남자모습·여자모습·동남·동녀 모습으로 나타나 꿈속에서라도 법사를 괴롭히지 말라."
　그리고는 부처님께 게송으로 아뢰었다.

저의 주문　순종않고　이 법사를　괴롭히면
아리수의　가지처럼　머리일곱　조각내고
부모죽인　죄인처럼　기름짜듯　주리 틀고
무게부피　속인이와　승단화합　깨뜨렸던
제바달다　경우처럼　큰고통을　받으리다

　나찰녀들이 다시 부처님께 아뢰었다.
　"세존이시여, 저희는 법화경을 수지독송하고 가르침대로 수행하는 이를 옹호하여, 안온함을 얻게 하고 재앙들을 여의게 하며 모든 독약을 없애겠나이다."

세존께서 나찰녀들에게 이르셨다.

"착하고 훌륭하구나. 너희가 단지 법화경의 이름만을 수지하는 이만 수호한다고 해도 그 복이 무량한데, 하물며 법화경을 수지하여 꽃과 향과 영락, 가루 향과 바르는 향과 사르는 향, 깃발·천개·기악(伎樂)과 우유등·기름등·향유등·수만화기름등·첨복화기름등·바사가화기름등·우발라화기름등 등의 백천가지 공양물로 공양하는 법사를 수호하는 복이야 어떠하겠느냐?

고제 등의 나찰녀들아, 너희는 권속들과 함께 이와 같은 법사들을 잘 옹호해야 하느니라."

부처님께서 이 다라니품을 설하여 마치자, 6만8천 인이 무생법인(無生法忍)을 얻었다.

제26 다라니품 · 67

제27 묘장엄왕본사품
第二十七 妙莊嚴王本事品

그때 부처님께서 대중들에게 이르셨다.

"옛날 한량없고 끝이 없는 불가사의 아승지겁 전에 부처님이 한 분 계셨으니, 이름은 운뢰음수왕화지여래(雲雷音宿王華智)·응공·정변지요, 그 나라 이름은 광명장엄(光明莊嚴)이며, 겁의 이름은 희견(喜見)이었느니라. 그 부처님 계실 때 한 왕이 있었으니 이름이 묘장엄(妙莊嚴)이요, 부인의 이름은 정덕(淨德)이며, 아들 들의 이름은 각각 정장(淨藏)과 정안(淨眼)이었느니라.

이 두 아들은 큰 신통력과 복덕과 지혜를 겸비하고 있었으니, 오래도록 보살이 행하는 도인 보시바라밀·지계바라밀·인욕바라밀·정

진바라밀·선정바라밀·반야바라밀·방편바라
밀과 자비희사·삼십칠품조도법(三十七品助道法) 등을 닦아 명
료하게 통달하였느니라. 또 보살의 정삼매(淨三昧)와
일성수삼매(日星宿三昧)·정광삼매(淨光三昧)·정색삼매(淨色三昧)·정조명삼매(淨照明三昧)·
장장엄삼매(長莊嚴三昧)·대위덕장삼매(大威德藏三昧) 등을 얻었고, 이러
한 삼매들을 막힘없이 명료하게 통달하였느
니라.

운뢰음수왕화지불은 묘장엄왕을 인도함과
동시에 중생들을 불쌍히 여겨 법화경을 설하
셨고, 그때 정장과 정안은 어머니에게로 가서
합장하고 청했느니라.

'어머니시여, 운뢰음수왕화지불이 계신 곳
에 가십시오. 저희들도 어머니와 함께 가서
친히 뵙고 공양예배코자 하옵니다. 왜냐하면
이 부처님께서 모든 천인과 인간들을 위해
지금 법화경을 설하고 계시기 때문입니다. 반
드시 가셔서 듣고 믿으심이 좋을 듯합니다.'

이에 어머니는 아들들에게 말했느니라.

제27 묘장엄왕본사품·69

'외도(外道)를 믿는 너희 아버지는 지금 바라문의 가르침에 깊이 매료되어 계신다. 우선 아버님께 가서 말씀드리고 모시고 가는 것이 좋을 것 같구나.'

정장과 정안은 합장하고 어머니에게 물었느니라.

'저희는 법왕의 아들인데, 어찌하여 삿된 가르침을 믿는 집안에 태어났습니까?'

'그러니 너희는 아버님을 생각해서라도 반드시 신통 변화를 나타내어야 한다. 만일 네 아버지가 보시면 반드시 마음이 청정해져서, 우리가 부처님 계신 곳으로 가는 것을 허락하실 것이다.'

이리하여 두 아들은 아버지를 위해 7다라수 높이의 허공으로 솟아올라 여러 가지 신통 변화를 나타내되, 허공에서 걷거나 머물거나 앉거나 눕는 등의 갖가지 모습을 보였느니라.

또한 몸 위쪽으로 물을 뿜어내고 몸 아래로 불을 뿜어내는가 하면, 허공에 꽉 찰 정도의 큰 몸으로 변하였다가 작은 몸으로 변화하고, 작은 몸에서 다시 큰 몸으로 변화시키기도 하였느니라.

그리고 허공에서 갑자기 사라져 땅 속을 물속 드나들 듯이 자유로이 하였고, 물 위를 땅 위 걷듯이 하는 등, 갖가지 신통 변화를 나타내어 부왕의 마음을 청정하게 만들었고 믿음이 생겨나도록 하였느니라.

이때 아버지는 일찍이 보지 못하였던 아들들의 신통력을 보고 크게 기뻐하면서 아들을 향해 합장을 하고 물었느니라.

'너희들의 스승은 누구냐? 너희는 누구의 제자냐?'

'대왕이시여, 지금 칠보로 된 보리수 아래의 법좌에 앉아 천인과 인간들을 위해 법화경을 널리 설하고 계시는 운뢰음수왕화지불

이 저희의 스승이시며, 저희는 그분의 제자입니다.'

'내 지금 너희들의 스승을 뵙고 싶구나. 함께 가도록 하자.'

이에 두 아들은 허공에서 내려와 어머니 계신 곳으로 가서 합장하고 말했느니라.

'이제 부왕께서 부처님을 믿게 되었고, 아뇩다라삼먁삼보리심을 일으킬 만하게 되셨습니다. 저희가 아버지를 교화하였으니, 저 부처님 밑으로 출가하여 수행할 수 있게 허락하여 주옵소서.'

두 아들은 게송으로 뜻을 거듭 밝혔느니라.

원하건대 어머니는 저희들이 출가하여
부처님의 제자 됨을 허락하여 주옵소서
부처님을 만나 뵙기 그지없이 어려우니
부처님을 찾아가서 배우고자 하옵니다
오랜 겁에 한번 피는 우담바라 꽃보다도

부처님의 세상 출현 보기가 더 어려우며
고난들이 많고많아 해탈하기 쉽잖으니
저희들의 출가함을 부디 허락 하옵소서

　어머니는 곧 말했느니라.
　'부처님을 만나기란 매우 어려운 일이다. 너희들의 출가를 허락하노라.'
　이에 두 아들이 부모님께 아뢰었느니라.
　'훌륭하신 부모님이시여, 이제 운뢰음수왕화지불 계신 곳으로 나아가 친견하고 공양하소서. 왜냐하면 부처님 만나 뵙기가 우담바라 꽃이 피는 것과 같이 매우 어려운 일이기 때문입니다. 또 애꾸눈인 거북이가 바다에 떠다니는 나무에 뚫린 구멍 사이로 머리를 밀어 넣는 것만큼이나 매우 어려운 일이기 때문입니다.
　저희는 과거세의 두터운 복으로 인해 이 세상에 태어나 부처님 법을 만났으니, 부모님께서는 저희의 출가를 허락하여 주옵소서. 왜냐하면 부처님을 만나 뵙기 어렵고 부처님을 만날 수 있는 시기에 태어나는 것 또한 어렵기 때문입니다.'

그때 묘장엄왕의 후궁 8만4천 명은 모두 이 법화경을 수지하였느니라.

또 둘째 왕자인 정안보살은 이미 오래전부터 법화삼매를 닦아 통달하였고, 첫째 왕자인 정장보살은 일체 중생을 모든 악취(惡趣)(악도)에서 벗어나게 하고자 했던 까닭에 이미 한량없는 백천만억 겁동안 이제악취삼매(離諸惡趣三昧)를 닦아 통달하였으며, 왕의 부인은 제불집삼매(諸佛集三昧)를 얻어 모든 부처님의 비밀스러운 가르침을 다 알고 있었느니라.

또 두 아들이 방편의 힘으로 잘 교화한 아버지 묘장엄왕은 불법을 믿고 이해하고 좋아하게 되었느니라.

이에 묘장엄왕은 여러 신하와 권속들을 데

리고, 정덕부인은 후궁들과 궁녀들과 권속들을 데리고, 또 두 아들은 4만2천명을 데리고 운뢰음수왕화지불이 계신 곳으로 나아가, 그 발에 머리를 대어 예배하고 부처님의 주위를 세 번 돈 다음 한쪽으로 물러나 앉았느니라.

그러자 운뢰음수왕화지불께서 왕을 위해 법을 설하여 알게 하고 이익 되게 하고 기쁘게 하자, 왕은 크게 환희하고 법열을 느꼈느니라.

묘장엄왕과 정덕부인이 백천냥의 값어치를 지닌 진주 영락을 목에서 풀어 부처님 위에 뿌리자, 그 영락들은 허공에서 네 기둥을 지닌 보배누각으로 변하였고, 그 보배누각 안에 백천만 가지 하늘 옷이 깔린 큰 보배 평상이 생겨나자, 부처님께서는 그 위에 결가부좌를 하고 앉아 큰 광명을 발하셨느니라.

이를 보고 묘장엄왕은 생각하였노라.

'부처님은 가장 단정하고 엄숙하고 미묘한

몸을 성취하셨구나.'

그때 운뢰음수왕화지불이 사부대중에게 이르셨느니라.

'너희는 묘장엄왕이 내 앞에서 합장하고 서 있는 모습을 보고 있느냐? 이 왕은 나의 법 속에서 비구가 되어, 부처되는 수행법을 부지런히 닦아 익힌 뒤에 성불하리니, 그 부처님의 이름은 사라수왕(娑羅樹王)이요, 나라 이름은 대광(大光)이며, 겁의 이름은 대고왕(大高王)이니라. 사라수왕불 밑에는 한량없는 보살들과 성문들이 있으며, 국토는 평평하고 반듯하리니, 그 부처님의 공덕은 이와 같노라.'

부처님의 말씀을 들은 왕은 곧 나라를 아우에게 넘겨주고, 부인과 두 아들과 모든 권속들과 함께 출가하여 수행하였느니라.

왕은 출가한 이래 8만4천 년 동안 늘 부지런히 정진하고 묘법연화경을 닦고 익혀 일체(一切) 정공덕장엄삼매(淨功德莊嚴三昧)를 얻은 다음, 7다라수 높이의 허공에 올라 부처님께 아뢰었느니라.

'세존이시여, 저의 두 아들이 신통 변화로써 저를 교화하여, 저로 하여금 삿된 마음을 돌이켜 불법에 머물게 하였고 부처님을 만나 뵐 수 있게 하였으니, 이 두 아들이야말로 저의 선지식(善知識)이옵니다. 저에게 지난 과거세의 선근을 다시 생각나게 하고 이롭게 하고자 저희 가문에 태어난 것이옵니다.'

이에 운뢰음수왕화지불이 묘장엄왕에게 이르셨느니라.

'그러하다. 네가 말한대로이니라. 선근을 심은 선남자 선여인은 세세생생 선지식을 만나게 되며, 그 선지식은 그들에게 능히 법을 보여주고 가르치고 이익되게 하고 함께 기뻐하면서, 그들로 하여금 아뇩다라삼먁삼보리에 들게 하느니라.

대왕아, 마땅히 알아라. 선지식은 대인연(大因緣)이니, 중생을 교화하고 인도하여 부처님을 뵙게 하며, 아뇩다라삼먁삼보리를 얻고자 하는 마음을 일으키게 하느니라.

 대왕아, 너는 이 두 아들이 보이느냐? 이 두 아들은 일찍이 65백천만억 나유타 항하사만큼 많은 부처님을 친견하고 공경하고 공양하였느니라. 또 그 부처님들 밑에서 법화경을 수지하고, 삿된 견해에 빠진 중생들을 불쌍히 여겨 정견(正見)에 머물도록 교화하였느니라.'

 그러자 묘장엄왕이 허공에서 내려와 찬탄을 했느니라.

 '세존이시여, 여래는 참으로 드문 분이옵니다. 공덕과 지혜를 지니신 까닭에 정수리의 육계에서 광명을 발하여 일체를 환히 비추십니다. 눈은 길고 넓은데다 감청색으로 빛나며, 미간의 백호상은 마치 달처럼 희며, 치아는 희고 고르고 항상 맑은 빛이 나며, 입술의 빛깔은 붉고 아름답기가 마치 빈바(頻婆)의 열매와 같나이다.'

묘장엄왕은 운뢰음수왕화지불이 갖추고 계신 한량없는 백천만억가지 공덕을 찬탄한 다음, 그 부처님 앞에서 일심으로 합장하고 다시 아뢰었느니라.

'세존이시여, 여래의 법은 불가사의하고 미묘한 공덕을 다 갖추었기에, 그 가르침대로 행하면 편안하고 상쾌하고 즐겁나니, 이는 일찍이 없었던 일이옵니다. 저는 오늘부터 다시는 멋대로 행동하지 않고, 삿된 견해와 교만과 화를 내는 등의 나쁜 마음을 품지 않겠나이다.'

이렇게 말을 마친 왕은 부처님께 예배를 드리고 물러갔느니라."

부처님께서 대중들에게 이르셨다.

"너희의 생각에는 묘장엄왕이 지금의 누구일 것 같으냐? 화덕(華德)보살이 바로 그이니라. 또 정덕부인은 지금 내 앞에 있는 광조장엄상(光照莊嚴相)보살이니, 그는 묘장엄왕과 그 모든 권속들을 불쌍히 여긴 까닭에 그들과 함께 하였으며, 그의 두 아들은 지금의 약왕보살과 약상보살이니라.

이 약왕보살과 약상보살은 한량없는 큰 공덕을 성취하였나니, 일찍이 백천만억 부처님 밑에서 갖가지 선근을 심어 불가사의하고도 훌륭한 공덕들을 갖추게 되었느니라. 그러므로 어떤 이가 이 두 보살의 이름을 알고 있으면, 일체 세간의 천인과 인간들은 마땅히 그에게 예배를 해야 하느니라."

부처님께서 이 묘장엄왕본사품(妙莊嚴王本事品)을 설하여 마치자, 8만 4천이나 되는 이들이 번뇌와 더러움에서 벗어나 깨끗한 법안(法眼)을 얻게 되었다.

제28 보현보살권발품
第二十八 普賢菩薩勸發品

그때 자재한 신통력과 위엄과 덕망으로 널리 알려진 보현보살(普賢菩薩)이 한량없고 가이없고 헤아릴 수 없이 많은 대보살들과 함께 동쪽으로부터 왔으니, 그들이 지나는 국토들은 모두 크게 진동하였고 보배연꽃이 비 오듯이 내렸으며 한량없는 백천만억 가지 음악이 울려퍼졌다.

또한 보현보살과 수많은 보살들은 무수한 천·용·야차·건달바·아수라·가루라·긴나라·마후라가·인비인들에게 둘러싸인 채, 각기 그 위엄과 덕망과 신통력을 나타내며 사바세계의 기사굴산에 이르러, 머리를 석가모니불의 발에 대어 예배하고 오른쪽으로 일곱 번을 돈 다음 부처님께 아뢰었다.

"세존이시여, 저는 보위덕상왕불(寶威德上王佛)의 국토에 있다가, 이 사바세계에서 법화경을 설하신다는 소식을 듣고 무량무변 백천만억 보살들과 함께 그 설법을 듣고자 왔나이다. 원하옵나니 세존이시여, 법화경을 설하여 주옵소서. 또한 여래께서 멸도하신 뒤에는 어떻게 하여야 선남자 선여인이 이 법화경을 만날 수 있나이까?"

부처님께서 보현보살에게 이르셨다.

"선남자 선여인이 네 가지 법을 성취하면, 여래가 멸도한 뒤에도 이 법화경을 만날 수 있느니라.

첫째 부처님이 보호하여 살펴주시고,

둘째 갖가지 선근을 심고,

셋째 성불이 보장되는 정정취(正定聚)에 들고,

넷째 일체 중생을 구하겠다는 마음을 일으

키는 것이다.

　선남자 선여인이 이 네 가지 법을 성취하면 여래가 멸도한 뒤에라도 반드시 법화경을 만날 수 있게 되느니라."

　그때 보현보살이 부처님께 아뢰었다.

　"세존이시여, 후오백세(後五百歲)의 탁하고 악한 세상에서 이 법화경을 받아 지니는 이가 있으면, 제가 마땅히 수호하여 재앙을 없애주고 안온함을 얻게 하겠나이다. 또 그 누구든 그의 단점을 엿보지 못하게 하고, 마왕(魔王)과 마왕의 아들딸과 마왕의 권속과 마가 붙은 자, 그리고 야차·나찰·구반다·비사사·길자·부단나·위타자 등의 무리가 괴롭히려 할 때 조그마한 틈조차 얻지 못하게 하겠나이다.

　또한 이 사람이 거닐거나 서서 이 경을 독송하면, 저는 여섯 개의 상아를 지닌 백상왕(白象王)을 타고 대보살의 무리와 함께 그곳으로 가서, 저의 몸을 나타내어 공양하고 수호하고

제28 보현보살권발품 · 83

그의 마음을 위로하리니, 이 또한 법화경을 공양하기 위함입니다.

만일 이 사람이 앉아서 법화경을 사유하면, 그때도 저는 백상왕을 타고 그 사람 앞에 제 모습을 나타내되, 그가 경의 한 구절 한 게송이라도 잊어버리면 제가 가르쳐주고 함께 독송하여 환하게 알도록 하겠나이다.

이때 법화경을 수지독송하는 그 사람은 저의 몸을 보고 크게 기뻐하면서 더욱 열심히 정진할 것입니다. 또 저를 본 인연으로 삼매와 다라니들을 얻게 되오니, 곧 선다라니(旋陀羅尼)와 백천만억선다라니(百千萬億旋陀羅尼)와 법음방편다라니(法音方便陀羅尼) 등을 얻게 되나이다.

세존이시여, 만일 다가오는 후오백세의 탁하고 악한 세상에서 비구·비구니·우바새·우바이 중에 이 법화경을 구하거나 수지독송하거나 사경을 하면서 법화경 수행을 하고자 하면, 21일 동안을 일심으로 정진해야 하나이다.

만약 그가 21일을 다 채우면 제가 한량없는 보살들에게 둘러싸인 채 여섯 개의 상아를 지닌 백상왕을 타고 그에게로 가서, 일체중생이 보기 좋아하는 몸을 그 사람 앞에 나타내어 법을 설해주고 이익과 기쁨을 주고 다라니주(陀羅尼呪)도 주겠나이다.

그가 다라니를 얻으면 그 어떠한 것도 그를 해치지 못하고, 여인의 유혹에도 혼란스러워하지 않게 되며, 저 또한 항상 보호할 것이옵니다. 세존이시여, 바라옵건대 다라니주를 설할 수 있도록 허락하여 주옵소서."

그리고는 곧 부처님 앞에서 다라니주를 설하였다.

아단지 단다바지 단다바제 단다구사례
단다수다례 수다례 수다라바지 붓다파
선녜 살바다라니아바다니 살바바사아바

다니 수아바다니 싱가바리사니 싱가니
르가다니 아승기 싱가바가지 제례아타
싱가도랴아라제바라제 살바싱가지삼마
지가란지 살바달마수파리찰제 살바살타
루다교사랴아로가지 신아비기리지제

"세존이시여, 만일 보살이 이 다라니주를 듣게 되면, 그것은 보현의 신통력 때문인줄을 알아야 하옵니다. 또 이 염부제(閻浮提)에 법화경이 유포될 때 이 경을 수지하는 이가 있다면, 이 또한 모두 보현의 불가사의한 위신력 탓인 줄 알아야 하옵니다.

만일 어떤 이가 법화경을 수지독송하고 바르게 기억하고 깊은 뜻을 깨닫고 설한 그대로 수행을 하면, 그는 곧 보현행(普賢行)을 실천하여 한량없고 가이없는 부처님 밑에서 선근을 깊이 심는 이요, 부처님들께서 손으로 머리를 어루만져 주는 이라는 것을 마땅히 알아야 하옵니다.

　만일 법화경을 사경만 하여도 그 사람은 목숨을 마친 다음 도리천에 태어나게 되고, 이때 8만4천의 천녀들이 갖가지 음악을 연주하며 다가와서 맞이해주며, 그 사람은 곧 칠보로 된 관(冠)을 쓰고 천녀들 가운데서 즐겁게 놀고 기쁘게 지내게 되나이다. 하물며 이 경을 수지독송하고 바르게 기억하고 깊은 뜻을 깨닫고 설한 그대로 수행하는 사람이야 말할 것이 있겠나이까?

　만일 어떤 사람이 법화경을 수지독송하고 그 뜻을 잘 이해하면, 그가 목숨을 마칠 때 1천 부처님들이 그 손을 내밀어 두렵지 않게 해주시고, 나쁜 세상에 떨어지지 않게 해주심은 물론이요, 곧바로 미륵보살이 계시는 도솔천에 왕생하게 해주십니다. 미륵보살의 주위에는 삼십이상을 갖춘 대보살들이 둘러싸고 있으며, 백천만억의 천녀와 권속들이 가득하

움니다.

 이와 같은 많은 공덕과 이익이 있으니, 지혜로운 이라면 마땅히 일심으로 이 법화경을 사경하고 남에게 사경토록 할 것이며, 수지독송하고 바르게 기억하고 설한 그대로 수행해야 하오리다.

 세존이시여, 제가 이제 신통력으로 법화경을 수호하여, 여래께서 멸도하신 뒤에도 이 염부제에 널리 유포하여 단절됨이 없도록 하겠나이다."

 이에 석가모니불께서 찬탄하셨다.

 "착하고 훌륭하구나, 보현아. 네가 법화경을 지키고 보호하여 많은 중생들에게 안락과 이익을 주려고 하는구나. 너는 이미 불가사의한 공덕과 깊고 큰 자비를 성취하였고, 먼 옛날부터 아뇩다라삼먁삼보리를 얻고자 하는 마음을 내었으며, 위대한 서원을 세워 법화경을 수호해 왔나니, 나 또한 신통력으로 보현보살의 이름을 수지하는 이가 있으면 반드시 수호할 것이니라.

보현아, 만일 어떤 이가 법화경을 수지독송하고 바르게 기억하고 닦아 익히고 사경을 하면, 마땅히 알아라. 이 사람은 곧 석가모니불을 만나 부처님의 입으로 설한 법화경을 직접 들은 이와 같으니라.

마땅히 알아라. 이 사람은 석가모니불을 공양하는 이요, 부처님들이 훌륭하다고 칭찬하는 이이니라. 또 마땅히 알아라. 이 사람은 석가모니불이 머리를 쓰다듬어 주는 이요, 석가모니불이 옷으로 몸을 덮어 주는 이이니라.

이러한 사람은 다시는 세상의 쾌락을 탐하거나 집착하지 않으며, 외도의 경(經)이나 글을 좋아하지 아니하고, 외도의 사람을 가까이 하지 않으며, 백정이나 돼지·양·닭·개 등을 기르는 이나 사냥꾼, 여색을 파는 자 등 모든 나쁜 사람들과 가까이하기를 좋아하지 않느니라.

또 이러한 사람은 마음과 뜻이 곧고 성실하며, 바르게 기억하고 사유하는 힘과 복덕이 있어, 탐욕과 성냄과 어리석음으로 인한 괴로움을 받지 않으며, 질투와 아만과 사만과 증상만으로 인한 괴로움을 받지 않으며, 욕심이 적고 만족할 줄 알기 때문에 능히 보현보살의 행을 닦느니라.

보현아, 여래가 멸도한 뒤의 후오백세에 법화경을 받아 지니고 읽고 외우는 이를 보거든 이렇게 생각하여라.

'이 사람은 오래지 않아 깨달음의 도량으로 나아가 모든 마의 무리를 쳐부수고 아뇩다라삼먁삼보리를 얻을 것이다. 그리하여 법륜을 굴리고 법고를 치고 법나팔을 불고 법비를 내릴 것이요, 인천 대중들 가운데의 사자좌 위에 앉게 될 것이다.'

보현아, 만일 후세에 법화경을 받아 지니고

읽고 외우는 이가 있으면, 그는 의복이나 침구·음식·생활용품 등을 탐내거나 집착하지 않아도 바라는 바가 그대로 다 이루어지며, 또한 현세에서 좋은 과보를 받게 되느니라.

만일 어떤 사람이 법화행자를 업신여기면서, '너는 미친 사람이다. 부질없는 공부를 한다. 결코 아무런 소득도 없을 것이다'라는 등의 비방을 하면, 그는 이런 말을 한 죄의 과보로 세세생생 장님이 되느니라. 그러나 법화경을 지니고 행하는 이를 공양하고 찬탄하면 금생에 좋은 과보를 얻게 되느니라.

또 법화경을 받아 지니는 이를 보고 그 허물을 들추어내면 그것이 사실이든 사실이 아니든 그 사람은 현세에 문둥병을 얻게 될 것이요, 법화경을 받아 지니는 이를 비웃으면 그는 세세생생 성글고 이지러진 이빨과 추한 입술과 납작한 코, 뒤틀린 손발, 사팔뜨기에 냄새나는 몸을 받게 되며, 피와 고름이 흐르는 악성 종기와 복수 차는 병, 숨 가쁜 병 등 온갖 중병을 앓게 되느니라.

그러므로 보현아, 만일 법화경을 받아 지니는 이를 보거든, 일어나서 멀리까지 나가 영접하되 마치 부처님을 공경하듯 해야 하느니라."

세존께서 이렇게 보현보살권발품(普賢菩薩勸發品)을 설하시자, 항하사만큼 많은 보살들이 백천만억선다라니(百千萬億旋陀羅尼)를 얻었으며, 삼천대천세계의 티끌 수만큼 많은 보살들이 보현의 도(道)를 갖추게 되었다.

부처님께서 이렇게 법화경을 설하여 마치자 보현 등의 보살들과 사리불 등의 성문들과 천·용 및 인비인 등의 일체 대중이 모두 크게 기뻐하면서 부처님의 말씀을 수지한 다음 예배를 하고 물러갔다.

〈법화경 끝〉

이상으로 가장 높고 지극히 성스러운
법화경의 사경을 마치옵니다.

나무 일승최상법문 묘법연화경
나무 일승최상법문 묘법연화경
나무 일승최상법문 묘법연화경

법화경 사경 회향일 : 불기 25   년   월   일
사경불자 :
주소 :

영험 크고 성취 빠른 각종 사경집 (책 크기 4×6배판)

※ 정성껏 사경하면 큰 가피가 저절로 찾아들고, 업장참회는 물론이요 쉽게 소원을 성취할 수 있습니다. 각 책마다 사경의 방법을 자세하게 설명해 놓았습니다.

광명진언 사경 가로·세로쓰기
(1책으로 1080번 사경) 128쪽 5,000원
모든 불보살님의 총주總呪인 광명진언을 사경하면 그 가피력은 이루 다 말할 수 없을 정도입니다. 하루 108번씩 100일 동안 사경을 행하면 우리에게 크나큰 성취를 안겨주고 심중의 소원이 잘 이루어집니다.

반야심경 한글사경 (1책 50번 사경) 116쪽 5,000원
반야심경 한문사경 (1책 50번 사경) 116쪽 5,000원
반야심경을 사경하면 호법신장이 '나'를 지켜주고 공의 도리를 깨달아 평화롭고 안정된 삶이 함께합니다.

아미타경 한글사경 (1책 7번 사경) 116쪽 5,000원
살아 생전에 아미타경을 사경하거나, 부모님을 비롯한 가까운 분이 돌아가셨을 때 이 경을 쓰면 극락왕생이 참으로 가까워집니다.

관음경 한글사경 (1책 5번 사경) 112쪽 5,000원
관음경을 사경하면 가피가 한량이 없고 늘 행복이 함께 합니다. 학업성취·건강쾌유·자녀의 성공·경제문제 등에도 영험이 매우 큽니다.

신묘장구대다라니 사경 (1책 50번 사경) 5,000원
대다라니를 사경하면 관세음보살님과 호법신장들이 '나'와 주위를 지켜주고 소원성취와 동시에, 행복하고 자비심 가득한 마음을 가질 수 있도록 해줍니다.

보현행원품 한글사경 (1책 3번 사경) 120쪽 5,000원
행원품을 사경하면 자리이타의 삶과 업장 참회, 신통·지혜·복덕·자비 등을 빨리 이룰 수 있고 세세생생 불법과 함께 하며 보살도를 성취할 수 있습니다.

부모은중경 사경 (1책 3번 사경) 112쪽 5,000원
부처님께서는 부모님의 은혜를 새기면서 이 경을 쓰게 되면 그 어떤 행보다 큰 공덕이 생겨난다고 하였습니다. 정성 들여 사경하면 뜻하는 바가 이루어집니다.

아미타불 명호사경 (1책으로 5,400번 사경) 160쪽 6,000원
'나무아미타불'과 '아미타불'을 오회염불법에 따라 외우고 쓰는 특별한 명호사경집입니다. 집중력을 더하여, 심중 소원 성취에 큰 도움을 줍니다.

금강경 한글사경 (1책 3번 사경) 144쪽 6,000원
금강경 한문사경 (1책 3번 사경) 144쪽 6,000원
금강경 한문한글사경 (1책 1번 사경) 100쪽 4,000원
요긴하고 으뜸된 경전인 금강경을 사경해 보십시오. 업장소멸과 함께 크나큰 깨달음과 좋은 일들이 저절로 다가옵니다.

법화경 한글사경 (전5책) 권당 5,000원 총 25,000원
법화경을 사경하면 부처님과 대우주법계의 한량없는 가피가 저절로 찾아들어 소원성취·영가천도는 물론이요 깨달음과 경제적인 풍요까지 안겨줍니다.

약사경 한글사경 (1책 3번 사경) 112쪽 4,000원
약사경을 사경하면 약사여래의 가피가 저절로 찾아들어, 병환의 쾌차, 집안 평안, 업장소멸을 비롯한 갖가지 소원을 쉽게 성취할 수 있습니다.

천수경 한글사경 (1책 7번 사경) 112쪽 5,000원
천수경을 사경하고 독송하면 천수관음의 가피가 저절로 찾아들어, 업장 및 고난의 소멸과 갖가지 소원을 쉽게 성취할 수 있습니다.

지장경 한글사경 (1책 1번 사경) 144쪽 6,000원
지장경을 사경하고 영가천도는 물론이요, 각종 장애가 저절로 사라지고 심중의 소원이 성취됩니다. 백일 또는 49일 동안의 사경기도를 감히 권해 봅니다.

화엄경약찬게 사경 (1책 12번 사경) 112쪽 5,000원
화엄경약찬게를 쓰면 화엄경 한 편을 읽는 것과 같은 공덕이 생긴다고 하였습니다. 약찬게를 써 보십시오. 수많은 가피가 함께 찾아듭니다.

천지팔양신주경 사경 (1책 3번 사경) 112쪽 5,000원
옛부터 건축·결혼·출산·사업·죽음 등 평생의 삶 중에서 중요한 때마다 읽고 쓰면 크게 길하고 이롭고 장수하고 복덕을 갖추게 된다고 전해지고 있습니다.

보왕삼매론 사경 (1책으로 27번 사경) 120쪽 5,000원
삶의 문제들을 지혜롭게 해결하는 방법을 제시한 보왕삼매론을 사경하면 생활 속의 걸림돌이 디딤돌로 바뀌고 고난이 사라져 편안하고 행복해집니다.

관세음보살 명호사경 (1책으로 5천4백번 사경) 108쪽 5,000원
지장보살 명호사경 (1책으로 5천번 사경) 108쪽 5,000원
'관세음보살'이나 '지장보살'의 명호를 쓰면서 입으로 외우고 마음에 새기면, 관세음보살님과 지장보살님의 가피를 입어 몸과 마음이 큰 변화를 이루고, 마음속의 원을 능히 성취할 수 있습니다.

한글 큰활자본 기도 독송용 경전 (책 크기 4×6배판)

| 법화경 / 김현준 역 | 4×6배판 (양장본) 1책 520쪽 25,000원 / (무선제본) 전3책 550쪽 22,000원 |

불교 최고 경전인 법화경을 독송하면 소원성취는 물론 깨달음과 경제적인 풍요까지 안겨줍니다.

법화경을 독송하고 사경하면 부처님과 대우주법계의 한량없는 가피가 저절로 찾아들어 업장소멸은 물론이요 갖가지 소원을 두루 성취할 수 있습니다. 특히 밝은 지혜를 얻고 크게 향상하게 되며 경제적인 풍요와 사업의 번창, 시험의 합격 및 승진이 쉬워지고 가족 모두가 평온하고 복된 삶을 누리며, 병환·재난·가난 등 현실의 괴로움이 소멸되고 부모 친척 등의 영가가 잘 천도되며 구하는 바가 뜻과 같이 이루어집니다.

| 지장경 / 김현준 편역 | 4×6배판 208쪽 8,000원 |

지장기도를 하는 분들을 위해 ① 지장경을 처음부터 끝까지 1번 독송 ② '나무지장보살'을 천번염송 ③ 지장보살예찬문을 외우며 158배, ④ '지장보살'천번 염송의 4부로 나누어 만들었습니다. 각 장 앞에 제시된 기도법에 따라 기도를 하면, 지장보살의 가피 속에서 영가천도·업장소멸·소원성취·향상된 삶을 이룩할 수 있게 됩니다.

금강경 / 우룡스님 역 　112쪽 5,000원
책 크기만큼 글씨도 크게 하고 한자 원문도 수록하였으며, 독송에 관한 법문도 첨부하였습니다. 사찰 및 가정에서의 독송용으로 매우 좋습니다.

유마경 / 김현준 역 　296쪽 12,000원
보살의 병은 어디서 오는가? 불도란 어떤 것인가? 깨달음의 세계로 들어가는 불이법문, 등등 매우 소중한 가르침들을 가득 담고 있습니다.

승만경 / 김현준 편역 　144쪽 6,000원
여인의 성불 수기와 함께 승만부인의 서원, 정법·번뇌·법신·일승·사성제·자성청정심·여래장사상 등을 분명히 밝힌 주옥같은 경전.(한글 한문 대조본)

원각경 / 김현준 편역 　192쪽 8,000원
한국불교 근본 경전 중 하나로, 중생이 부처가 되려면 어떻게 해야하는지를 12보살과의 문답을 통해 설한 경전으로 쉽게 번역 하였습니다. (한글 한문 대조본)

밀린다왕문경 / 김현준 편역 신국판 204쪽 7,000원
그리스 왕인 밀린다와 불교 승려인 나가세나가 인생과 불교에 대해 대론한 것을 정리한 경전으로 신심을 크게 불러일으킵니다.

자비도량참법 / 김현준 역 　양장본 528쪽 25,000원
나의 죄업 참회에서 시작하여 부모 친척 등 온 법계 중생의 업장과 무명까지 모두 소멸시켜주며, 자비가 충만하여지고 환희심이 넘쳐나게 됩니다.

천지팔양신주경 / 김현준 편역 　96쪽 4,000원
결혼·출산·사업·죽음 등 중요한 때마다 독송을 하면 크게 길하고 이롭고 복덕을 갖추게 된다고 합니다.

부모은중경 / 김현준 역 　100쪽 5,000원
부모님의 은덕을 깨닫게 하는 효경孝經이자 대지혜의 완성을 이루는 대승경전입니다.

무량수경 / 김현준 역 　176쪽 7,000원
아미타불은 어떠한 분이며, 극락의 장엄과 멋과 행복, 극락에 왕생하려면 이 현생에서 어떠한 삶을 살아야 하는가를 자세하게 묘사하고 있습니다.

아미타경 / 김현준 편역 　92쪽 4,000원
아주 큰 활자 번역본으로 독송하기에 아주 좋으며, '나무아미타불' 염불 방법을 함께 실었습니다.

관무량수경 / 김현준 편역 　112쪽 5,000원
이 경전에 설한 16관법의 내용과 그림을 음미하다 보면, 현세의 복된 삶과 극락왕생이 성큼 다가섭니다.

미륵삼부경 / 김현준 편역 　160쪽 7,000원
미륵신앙의 근본경전인 미륵상생경·미륵하생경·미륵성불경을 함께 엮었습니다.

약사경 / 김현준 편역 　100쪽 4,000원
한글 번역본으로, 독경 방법 및 약사염불법도 함께 실어 기도에 도움이 되도록 하였습니다.

관음경 / 우룡스님 역 　96쪽 4,000원
관음경의 원문과 독송법, 관음 염불 방법 등을 수록하여 관음경의 가르침을 쉽게 이해하도록 하였습니다.

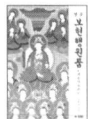
보현행원품 / 김현준 편역 　112쪽 5,000원
보현행원품과 예불대참회문을 함께 실어 독경 후 보현108배대참회를 할 수 있도록 엮었습니다.

육조단경(덕이본德異本) / 김현준 역 208쪽 8,000원
혜능대사께서 설한 선종의 근본 경전으로, 인간의 참된 본성을 보게 하여 깨달음을 열어줍니다. 계속 정독하면 영성이 깨어나고 대자유인이 될 수 있습니다.

아름다운 우리말 경전 (책 크기 휴대용 국반판)

- 금강경　　　　　우룡스님 역　100쪽 2,500원
- 약사경　　　　　김현준 편역　100쪽 2,500원
- 지장경　　　　　김현준 역　196쪽 4,000원
- 보현행원품　　　김현준 편역　100쪽 2,500원
- 법요집　　법회와 수행 시에 필요한 각종 의식문, 좋은 몇 편의 글들을 수록한 책
- 아미타경　　　　　김현준 역　100쪽 2,500원
- 관음경　　　　　　우룡스님 역　100쪽 2,500원
- 부모은중경　　　　김현준 역　100쪽 2,500원
- 초발심자경문　　　일타스님 역　100쪽 2,500원
- 　　　　　　　불교신행연구원 편　100쪽 2,500원

기도 및 영가천도 법보시용으로 좋은 책

광명진언 기도법 / 일타스님·김현준   6,000원
광명진언 속에 새겨진 참의미와 바른 기도법, 빠른 기도성취법 등을 자상하게 설하고, 유형별 기도성취 영험담을 다양하게 수록하였습니다.   (180쪽)

생활 속의 기도법 / 일타스님   6,000원
여러 가지 상황에 따른 구체적인 기도방법에서부터 기도할 때 지녀야 할 마음가짐까지, 자상한 문체로 예화를 섞어 쉽고 재미있게 엮었습니다.   (160쪽)

기 도祈禱 / 일타스님   9,000원
총6장 52편의 다양한 기도성취 영험담으로 엮어진 이 책을 읽다보면 올바른 기도법과 기도성취의 지름길을 알 수 있게 됩니다.   (240쪽)

기도 성취의 지름길 / 우룡스님   5,000원
가족을 향한 참회와 3배 기도의 큰 영험에 대해, 그리고 믿음·정성과 함께 기도의 고비를 잘 넘길 것을 설한 감동적인 기도법문집.   (4×6판 160쪽)

기도 이야기 / 우룡스님   7,000원
총 6장 45편의 다양한 이야기와 이야기 끝에 붙인 스님의 해설을 읽고 기도하면 감응의 길이 열리면서 심중소원을 성취하게 됩니다.   (204쪽)

불교의 자녀사랑 기도법 / 김현준   6,000원
부처님의 가르침에 의지하여 정립한 이 책의 내용에 따라 자녀를 사랑하고 기도하면 자녀들이 뜻하는 바 소원을 성취하고 행복과 평화를 누릴 수 있습니다.   (240쪽)

화엄경약찬게 풀이 / 김현준   8,000원
화엄경약찬게는 매우 난해하지만 이 풀이를 본 다음에 읽으면 명확하게 파악할 수 있고 화엄경의 내용까지 꿰뚫어, 대화엄의 세계에서 노닐 수 있게 됩니다.   (216쪽)

● 부처님오신날 법보시용으로 좋은 휴대용 불서 ●

행복과 성공을 위한 도담 / 경봉스님	4×6판	100쪽	3,500원
일상기도와 특별기도 / 일타스님	4×6판	100쪽	3,500원
불교예절입문 / 일타스님	4×6판	100쪽	3,500원
행복을 여는 감로법문 / 일타스님	4×6판	100쪽	3,500원
불자의 삶과 공부 / 우룡스님	4×6판	100쪽	3,500원
불성 발현의 길 / 우룡스님	4×6판	100쪽	3,500원
광명진언 기도법 / 일타스님·김현준	4×6판	100쪽	3,500원
보왕삼매론 풀이 / 김현준	4×6판	100쪽	3,500원
바느질하는 부처님 / 김현준 엮음	4×6판	100쪽	3,500원

〈가지고 다니면서 틈틈이 읽게 되면 신행생활과 기도에 큰 도움이 됩니다〉

참 회 / 김현준   4×6판 160쪽 5,500원
불교의 참회는 잘못을 뉘우치고 용서를 받는 차원을 넘어 영원한 자유와 행복을 얻는 깨달음을 목표로 하고 있습니다. 참회의 끝은 해탈입니다. 대해탈입니다. 이제 이 책 속으로 들어가 참회의 방법과 해답을 찾고 참회를 통하여 평안을 얻고 향상의 길로 나아갑시다.

신묘장구대다라니기도법 우룡스님·김현준
신묘장구대다라니의 가피와 공덕, 다라니의 뜻풀이, 자세하게 설명한 기도의 방법과 주의할 점, 14편의 영험담을 함께 수록하였습니다.   (208쪽 7,000원)

영가천도 / 우룡스님   6,000원
영가천도의 필요성과 기본자세, 염불·독경·사경을 통한 영가천도, 49재 등 영가천도에 관한 여러 궁금증을 스님의 자세한 법문으로 풀어드립니다.   (160쪽)

기도성취 백팔문답 / 김현준   9,000원
기도와 믿음·업장소멸의 방법·꾸준한 기도의 효험·원을 세우는 법·축원법·기도가피와 기도성취의 시기 등을 문답식으로 풀이하였습니다.   (240쪽)

윤회와 인과응보 이야기 / 일타스님   9,000원
"인간은 과연 윤회하는 존재인가? 내가 지은 업은 어떻게 전개되는가?" 49가지 이야기로 엮은 이 책을 읽다보면 그 해답을 명확하게 얻을 수 있습니다.   (242쪽)

참회와 사랑의 기도법 / 김현준   7,000원
문답을 통해 참회의 정의에서부터 참회기도를 해야 하는 까닭, 가족을 향한 참회법 등에 대해 아주 상세히 설하고 있습니다.   (192쪽)

◉ 불교 3대신앙의 진면모와 그 기도법을 쉽게 설명한
미타신앙·미타기도법 / 김현준   신국판 160쪽 6,000원
관음신앙·관음기도법 / 김현준   신국판 240쪽 9,000원
지장신앙·지장기도법 / 김현준   신국판 190쪽 7,000원

참회·참회기도법 / 김현준   신국판 160쪽 6,000원
병환과 기도 / 일타스님·김현준   4×6판 100쪽 3,500원

선가귀감   서산대사 저 김현준 역
(한글 한문 대조본) 4×6배판 136쪽 6,000원
휴대용 4×6판 160쪽 5,500원
선禪에 대한 다양한 가르침을 중심에 두고 참회·염불·계율·육바라밀·도인의 삶 등을 간절하게 설하여 불자들의 신심과 정진에 큰 도움을 주는 소중한 책입니다.

다량의 법보시는 할인혜택을 드립니다.
전화 02-587-6612, 582-6612 팩스 02-586-9078

🏵 알기 쉬운 불교근본교리 (국판) 🏵

불교란무엇인가 / 우룡스님　　160쪽　6,000원
불교는 해탈의 종교, 해탈을 얻는 원리, 무엇이 부처인가, 소승과 대승불교, 불자의 실천 등 핵심되는 가르침을 설한 책.

삼보와 삼학 / 원산스님　　200쪽　7,000원
불자들이 꼭 알아야 할 불·법·승 삼보와 계·정·혜 삼학에 대해 저자가 고금을 꿰뚫는 안목으로 깊이있게 집필한 책

육바라밀 / 김현준　　192쪽　7,000원
대승불교의 기본이 되는 보시·지계·인욕·정진·선정·반야 바라밀을 일상생활과 접목시켜 쉽고도 재미있게 서술한 책.

사성제와 팔정도 / 김현준　　240쪽　9,000원
부처님께서 행복한 삶을 열어주기 위해 창안한 불교 핵심 교리를 정말 알기 쉽고 자상하고 감동적으로 엮은 책.

자비 실천의 길 사섭법 / 김현준　　192쪽　7,000원
보시·애어·이행·동사의 사섭법이 필요한 까닭부터 잘 실천하고 잘 성취할 수 있는 방법을 자세히 제시한 책.

삼법인·중도 / 김현준　　160쪽　6,000원
제행무상·제법무아·열반적정의 삼법인과 중도의 의미, 중도 속의 수행과 삶 등에 대해 일목요연하게 정리한 책.

인연법 / 김현준　　224쪽　8,000원
인연법을 삶·괴로움·진리·마음씨·희망·행복·기도성취 등의 다양한 측면과 연결시켜 삶을 윤택하게 만들어주는 책.

알기 쉬운 경전 해설서

생활 속의 반야심경 / 김현준　　240쪽　9,000원
반야심경을 우리의 생활과 결부시켜 쉽고도 명쾌하게 풀이하였습니다. 공·걸림없이 사는 방법 등과 십이인연·사제 등의 기본교리도 쉽게 풀이하였습니다.

생활 속의 금강경 / 우룡스님　　304쪽　10,000원
금강경의 심오한 내용을 알기 쉽게 풀이하고 일상생활과 접목시켜 강설함으로써 삶의 현장에서 금강경의 가르침을 능히 응용할 수 있도록 하였습니다.

생활 속의 관음경 / 우룡스님　　240쪽　9,000원
관세음보살의 본질과 기도성취의 원리를 여러 영험담과 함께 쉽게 풀이한 이 책을 읽으면 신심이 샘솟고, 이 책을 따라 기도하면 소원을 성취할 수 있습니다.

생활 속의 천수경 / 김현준　　240쪽　9,000원
천수경을 쉽게 풀이한 책. 신묘장구대다라니의 풀이와 공덕, 참회 성취의 비결, 주요 진언의 뜻풀이, 각종 소원을 이루는 방법 및 기도법을 일러주고 있습니다.

생활 속의 보왕삼매론 / 김현준　　240쪽　9,000원
병고 해탈, 고난 퇴치, 일의 성취, 인연 다스리기, 이익과 부귀, 억울함의 승화 등 누구나 인생살이에서 겪게 되는 열 가지 장애들을 속 시원하게 뚫어주고 있습니다.

유마경의 기상천외한 이야기 / 김현준　160쪽　6,000원
유마경 속의 재미있으면서도 깊은 의미를 담고 있는 이야기들을 중심으로 엮은 이 책을 읽다 보면, 유마경의 내용이 명쾌하게 살아나고 새로운 깨달음을 얻을수 있게 됩니다.

🏵 여러 큰스님의 주옥같은 법문집 🏵

● 경봉스님 (김현준 엮음) ●

이뭣고　　신국판　224쪽　8,500원
경봉스님의 수행도담집. 도를 깨닫기까지의 경봉스님 수행도담과 참선수행을 하는 이들을 위해 제시한 방법, 여러 가지 선담도담을 재미있게 설하셨다.

사바를 무대 삼아 멋있게 살아라
경봉스님의 생활도담집. 사바세계의 실체, 탐진치 삼독, 복 짓기와 복 받기 등 지혜롭게 사는 방법에 대해 설한 책.　　신국판　224쪽　8,000원

뭐가 그리 바쁘노　　4×6판　180쪽　6,000원
총 8장 73가지 일화를 담은 책. 정신을 번쩍 깨어나게 하고 새로운 기운을 불러일으키는 일화와 함께 일상생활 속 스님의 참모습들이 생생하게 묘사되어 있다.

부처가 계신 곳	4×6판	160쪽	5,500원
도와 함께하는 행복과 성공	신국판	160쪽	6,000원
참 생명을 찾는 경봉스님 가르침	신국판	192쪽	7,000원
바보가 되거라 (경봉스님일대기)	신국판	220쪽	8,000원

● 일타스님 ●

참선 잘하는 법	신국판	160쪽	6,000원
범망경 보살계	신국판	508쪽	17,000원
초심 (시작하는 마음)	신국판	272쪽	10,000원
발심수행장 (영원으로 향하는 마음)	신국판	240쪽	9,000원
자경문 (자기를 돌아보는 마음)	신국판	280쪽	10,000원
부드러운 말 한마디 미묘한 향이로다		240쪽	9,000원
불자의 마음가짐과 수행법	신국판	192쪽	7,000원
오계이야기	신국판	160쪽	6,000원

● 우룡스님 ●

불교신행의 주춧돌 (최신간)	신국판	240쪽	9,000원
불자의 행복 찾기	신국판	192쪽	7,000원
신심으로 여는 행복	신국판	192쪽	7,000원
정성 성誠이 부처입니다	신국판	240쪽	9,000원
불자의 살림살이	신국판	160쪽	6,000원
불교의 수행법과 나의 체험	신국판	160쪽	6,000원

● 원산스님 ●

허공에 핀 꽃	신국판	200쪽	7,000원

● 김현준 ●

사찰, 그 속에 깃든 의미	신국판	320쪽	10,000원
예불문, 그 속에 깃든 의미	신국판	256쪽	9,000원
석가 우리들의 부처님 (일대기)	신국판	240쪽	9,000원

편역자 김현준 金鉉埈

　동국대학교 대학원에서 불교학을 전공하고, 한국학중앙연구원에서 한국불교를 연구하였으며, 우리문화연구원 원장과 성보문화재연구원 원장을 역임하였다. 현재 불교신행연구원 원장, 월간「법공양」발행인 겸 편집인, 효림출판사와 새벽숲출판사의 주필 및 고문으로 활동하고 있다.
　저서로는『사찰, 그 속에 깃든 의미』·『생활 속의 반야심경』·『생활 속의 천수경』·『생활 속의 보왕삼매론』·『예불문, 그 속에 깃든 의미』·『육바라밀』·『사성제와 팔정도』·『삼법인·중도』·『인연법』·『사섭법』·『광명진언 기도법』·『신묘장구대다라니 기도법』·『참회·참회기도법』·『불교의 자녀사랑 기도법』·『기도성취 백팔문답』·『참회와 사랑의 기도법』·『미타신앙·미타기도법』·『관음신앙·관음기도법』·『지장신앙·지장기도법』·『석가 우리들의 부처님』·『참 생명을 찾는 경봉스님 가르침』·『선수행의 길잡이』·『아! 일타큰스님』·『바보가 되거라』 등이 있다.
　『자비도량참법』·『약사경』·『지장경』·『육조단경』·『보현행원품』·『부모은중경』을 한글로 번역하였으며, 〈원효의 참회사상〉 등 다수의 논문이 있다.

법화경 한글 사경 5 (무선제본)

초　판 1쇄 펴낸날　2015년 5월 15일
　　　21쇄 펴낸날　2025년 12월 3일

옮긴이　김현준
펴낸이　김연수

펴낸곳　새벽숲
등록일　2009년 12월 28일 (제321-2009-000242호)
주　소　서울특별시 서초구 반포대로14길 30, 907호 (서초동, 센츄리I)
전　화　02-582-6612, 587-6612
팩　스　02-586-9078
이메일　hyorim@nate.com

값 5,000원

ⓒ 새벽숲 2015
ISBN　978-89-969626-8-7　04220
　　　　978-89-969626-3-2　04220 (세트)

새벽숲은 효림출판사의 자매회사입니다 (새벽숲은 曉林의 한글풀이).
잘못 만들어진 책은 바꾸어 드립니다.
이 책은 저작권법에 따라 보호를 받는 저작물이므로 무단전재와 무단복제를 금지합니다.